Mira Landwehr
»Vier Beine gut, zwei Beine schlecht«
*Zum Zusammenhang von Tierliebe und
Menschenhass in der veganen Tierrechtsbewegung*

Mira Landwehr

»Vier Beine gut, zwei Beine schlecht«

Zum Zusammenhang von Tierliebe und Menschenhass in der veganen Tierrechtsbewegung

konkret texte 77
KVV **konkret**, Hamburg 2019
Titelmotiv: Picture Alliance / Arkivi
Lektorat: Wolfgang Schneider
Gestaltung & Satz: Niki Bong
Druck: CPI Books GmbH, Leck
ISBN 978-3-930786-90-9

Inhalt

1. Einleitung 9
Wer oder was ist vegan? Versuch einer Begriffsbestimmung 16

2. »Ich bin Veganer Stufe 5«: Selbsterhöhung durch Verzicht
Veganismus als Berufung und moralische Notwendigkeit 23
Erlösung durch Ernährung: Speisegesetze und Heilsversprechen 30
Esoterischer Gesundheitsveganismus:
Der Reinkarnationstherapeut Ruediger Dahlke 36

3. Rechte für Tiere
Zur Problematik des Antispeziesismuskonzepts 49
Diese »niederträchtige KZ-Käfighaltung«:
Relativierung und Instrumentalisierung der Shoah 58
»Save a Whale, harpoon a Makah!«: Die Eliminationsphantasien
der Meeresschützerinnen von Sea Shepherd 68
Hauptsache, viele Stimmen für die Tiere: Die »unpolitischen«
Tierrechtsaktivistinnen von Anonymous for the Voiceless 74
»Unser Freiheitskämpfer Chico Guevara«:
Über Täterinnen, Opfer und Projektionen 80
Die Zeitschrift »Tierbefreiung« und die Befreiung von den Rechten 88

4. Schluss mit Veganismus? 103

Anhang
Literatur 111
Quellen 113
Personenregister 114
Sachwortregister 117

Dank 125

Vorbemerkung

Der Text verwendet das geschlechtsneutrale generische Femininum. Wenn von Veganerinnen oder Konsumentinnen die Rede ist, sind also alle Geschlechter mitzulesen. Wie die feministische Sprachwissenschaftlerin Luise F. Pusch bin ich der Ansicht, dass Sprache »kein Natur-, sondern ein historisch-gesellschaftliches Phänomen und als solches auch kritisier- und veränderbar«[1] ist und dass dies notwendig ist, um die »grundlegenden Wertvorstellungen«, die in Sprache »kodifiziert sind, ... mit linguistischen Mitteln aufzudecken«.[2] Wer sich daran stört, der mag die Gelegenheit zur Reflexion darüber nutzen, warum ihm weibliche Formen missfallen. An einigen Stellen nutze ich bewusst die männliche Form, um möglicher Verzerrung entgegenzuwirken.

---

1 Luise F. Pusch: *Das Deutsche als Männersprache. Aufsätze und Glossen zur feministischen Linguistik*, 12. Aufl. Frankfurt am Main 2008, S. 10.
2 Ebd., S. 35.

1. Einleitung

*Im Übrigen gilt hier ja derjenige, der auf den Schmutz hinweist,
für viel gefährlicher als der, der den Schmutz macht.*[3]
Kurt Tucholsky

Sind vegane Nazis nicht besser als normale Nazis?« Mit dieser und ähnlichen Publikumsfragen bin ich während meiner Vortragsreise zum Thema »Tierliebe und Menschenhass« im Laufe des Jahres 2018 in Hörsälen und Infocafés konfrontiert worden. Bei fast jeder Veranstaltung kam früher oder später die Frage auf, wie aktivistisch ich selbst sei. Der abstruse Vorwurf, ich würde von der Fleischlobby bezahlt, hasste Tiere und gehörte zur Spezies der »konkreten Fleisch-Linken« verbreitete sich auf Facebook. Woher ich mir das Recht nähme, Kritik zu üben, solange ich kein hundertprozentiges Bekenntnis zum Veganismus ablege. Als dürften die Schweinepriester der katholischen Kirche nur deren eigene Schäfchen kritisieren. Die größtenteils aus der Szene stammenden Organisatorinnen der Veranstaltungen bestätigten den Eindruck, dass sehr viele vegane Tierrechtsaktivistinnen Querfrontstrateginnen[4] in ihren Reihen dulden oder selbst dazugezählt werden müssen. Der Aufklärungsbedarf innerhalb der Bewegung scheint groß zu sein.

Denn der Veganismus hat Probleme: seine Popularität und seine Anhängerinnen. Der Verschwörungstheoretiker Ken Jebsen verkündet stolz, »Vollveganer« zu sein.[5] Der rechte Esoteriker Ruediger Dahlke bereichert den Buchmarkt jedes Jahr mit einem neuen veganen »Peace Food«-Kochbuch. Holocaust-Relativierungen sind in Diskussionen um die Ethik der Ernährung präsent.

In einer als unübersichtlich und chaotisch wahrgenommenen Umwelt, in der die Einzelnen keine Rolle spielen, scheint für manche Menschen al-

---

[3] Kurt Tucholsky in einem Brief an Herbert Ihering vom 10. August 1922.
[4] In der politischen Querfront versammeln sich Linke und Rechte; ein Beispiel sind die Politikerin Sahra Wagenknecht und die von ihr initiierte Sammlungsbewegung Aufstehen. Dass das Phänomen Querfront, wie oft behauptet, die Übernahme genuin linker Themen durch Rechte und/oder Rechtsextreme bedeute, ist zu kurz gedacht. Fragen muss man sich vielmehr, wer bestimmte Themen aus welcher Motivation heraus mit welchen (verdeckten) Interessen besetzt. Zur Querfrontstrategie gehört die Verschleierung rechter Inhalte durch gesamtgesellschaftlich irgendwie als links(-grün) geltende Politikfelder wie Nachhaltigkeit, ökologische Lebensweise, Bio-Landwirtschaft, Tier-, Umwelt- und Naturschutz, die viele Menschen als erstrebenswert ansehen und unterstützen.
[5] Ken Jebsen, Stop-Monsanto-Demonstration. Berlin, 13.10.2013. In: youtube.com, Minute 19:20.

les, was mit dem nichtssagenden Label »alternativ« versehen ist, ein erstrebenswertes Mittel der Selbstbestimmung zu sein, das die Rückgewinnung von Kontrolle verspricht. Der bewusst gewählte und individuell gestaltete Konsum mit starker Betonung der Ernährungsweise wird für manche zum ordnenden Korrektiv. Zum Tragen kommt auch hier eine Vorstellung von individueller Freiheit, in der die Einzelne ein Identity-Ticket zieht und stolz präsentiert. Doch die Verheißung, mittels Konversion zum Veganismus zu den Guten zu gehören, die nicht den Planeten zerstören und kein (Tier-)Leid anrichten, ist eine Illusion. Wird Veganismus zur bestimmenden Lebensweise und Weltanschauung, geht mit ihm mitunter ein quasi-religiöser Auserwähltheitsglaube mit der Tendenz zur Sektenbildung einher. Dieses Phänomen ist Thema des 2. Kapitels dieses Buches.

Dass Tierliebe und Menschenhass nah beieinander liegen, ist nicht neu. In den letzten Jahren ist allerdings der Veganismus aus seiner Nischenexistenz herausgetreten und passt sich inzwischen perfekt als konsumierbares Identitätsangebot in das kapitalistische System ein. Und nun zeigen sich auch die faulen Früchte der Bewegung deutlicher. Der vegane Starkoch und Porsche-Fahrer Attila Hildmann, der immer wieder durch frauenverachtende und rassistische Aussagen auffällt, hat Veganismus als hippes Lifestyleprodukt für gesundheitsbewusste, gutverdienende Selbstoptimiererinnen in die Medien und auf die Märkte katapultiert.[6] Ihm folgten viele, die auch etwas vom lukrativen Geschäft mit dem veganen Kuchen abhaben wollten und die Märkte mit Alternativprodukten überschwemmten: von Analogkäse mit fragwürdigen Zutaten über Hundefutter bis zu Luxuskreuzfahrten mit veganem Buffet. Wachstumsraten zwischen 15 und 20 Prozent jährlich waren aber auch zu verlockend. Inzwischen ist der Hype etwas abgeflaut, und viele vegane Produkte sind stillschweigend wieder aus den Regalen verschwunden, weil sie mit den Originalen geschmacklich doch nicht konkurrieren konnten, Verbraucherschützerinnen auf hohe Fettwerte und aus den Verpackungen gelöste Mineralölbestandteile in Fleischalternativen hinwiesen oder weil marktmächtigere Produzentinnen sie mit ihren eigenen vegan-vegetarischen Produktlinien verdrängt haben.

Wie unkritisch und politisch naiv weite Teile der veganen Szene sind, habe ich das erste Mal festgestellt, als ich vor einigen Jahren (damals arbeitete ich noch ehrenamtlich für einen Lebenshof, auf dem Tiere aus industrieller

---

[6] Die Titel seiner Bücher lauten zum Beispiel: *Vegan for Fun*, *Vegan for Fit* und *Vegan for Youth*.

Haltung ihren Lebensabend verbringen können) auf meinem Facebook-Profil darauf hingewiesen hatte, dass Personen wie der »Euthanasie«-Befürworter Peter Singer, der rechte Esoteriker Ruediger Dahlke und der Verschwörungstheoretiker Ken Jebsen sowie die von Jebsen-Jüngerinnen geführte Facebook-Gruppe »Das vegane Zeitalter« problematisch seien und Veganerinnen sich mit deren Inhalten kritisch auseinandersetzen sollten. Ich lieferte einige Beispiele zu den genannten Personen und schrieb damals: »Diskriminierende Äußerungen, die menschenverachtend, zum Teil offen rechts, antisemitisch, xenophob, (rechts)esoterisch, antiemanzipatorisch und / oder sexistisch sind, will ich nicht billigen. Es kann keine Lösung sein, solche Gesinnungen mit dem Argument zu tolerieren, dass es in der Hauptsache schließlich um die Tiere gehe. Bei weitem nicht alles, wo vegan, Tierschutz oder Systemkritik draufsteht, ist zu befürworten.« Mir war zuvor aufgefallen, dass viele meiner veganen Facebook-Bekannten Postings oder Zitate der oben genannten Personen teilten und offenbar wohlwollend weiterverbreiteten. Was folgte, war ein Dankeschön von einer einzelnen Person für den Hinweis – und ein Sturm der Entrüstung. Ich würde die Szene spalten. Ich war ernüchtert und stellte mir die Frage, wie es sein kann, dass Menschen, die für Tiere so viel Empathie aufbringen können, an Menschenfeindinnen Likes vergeben. Menschliches Leben schien in ihren Augen weniger relevant zu sein, wenn es, wie es den Anschein hatte, für die Sache der Tiere ein Gewinn war. Nach der Devise: Hauptsache homogen nach innen und außen, Hauptsache keine Konflikte austragen, Hauptsache für die Tiere.

Im Februar 2017 veröffentlichte ich schließlich unter dem Titel »Kann Spuren von Empathie enthalten«[7] in »konkret« einen Artikel, der sich kritisch mit Aspekten des Lifestyle-Veganismus, ökonomischen Interessen und der problematischen Hauptsache-für-die-Tiere-Fraktion beschäftigte. Mit der Vehemenz der Reaktionen in Leserinnenbriefen, Facebook-Kommentaren, Telefonanrufen in der Redaktion mit der Forderung nach Distanzierung von der Mitarbeiterin Landwehr sowie zwei (gegenstandslosen) Anzeigen wegen Verleumdung und Beleidigung hatten weder Redaktion noch Autorin gerechnet. Christian Vagedes, unter anderem Vorsitzender der Veganen Gesellschaft Deutschland und Herausgeber der Werbezeitschrift »Veganmagazin«, fühlte sich persönlich getroffen, da ich in dem Artikel nicht nur tierliebende Querfrontlerinnen und ihre Agitationsweise öffentlich gemacht, sondern auch ei-

---

[7] Mira Landwehr: »Kann Spuren von Empathie enthalten«. In: »konkret« 2/17, S. 50–52.

nen Blick auf seine Geschäftspraktiken geworfen hatte. Die Verfasserin von *Artgerecht ist nur die Freiheit*,[8] Hilal Sezgin, fand den Artikel »sensationsgeil« und verteidigte Vagedes, der wiederum den szenebekannten Berliner Querfrontler Gérald Hägele, der den »Reichsbürgern« nahesteht, integrieren will. Sezgin forderte, Auseinandersetzungen über rechte Veganerinnen »in veganen Medien« zu führen. Leider schwieg sie sich zu der Frage, welche Medien das sein könnten, aus.[9] Die ernüchternde Antwort lautet: Es gibt sie nicht. Die Zeitschrift »Tierbefreiung« versucht es hin und wieder; ihre Beiträge schwanken zwischen Verständnis für die tragische Figur Adolf Hitlers und dessen Liebe zu seinen Hunden und gehaltvolleren Texten zur Geschichte (häufiger) und Gegenwart (seltener) von Nazis und deren Instrumentalisierung von Tieren. Dass es sich um ein strukturelles Problem handelt und nicht bloß um Einzelfälle und mitnichten ausschließlich um stramme Nazis, die »Heil Hitler!« rufen, thematisiert auch in der »Tierbefreiung« kaum jemand. Die Problematik soll in Kapitel 3 am Schwerpunktheft dieser Zeitschrift vom März 2018, das unter der Headline »Rechte und rechtsoffene Strukturen zerschlagen!« steht, gezeigt werden.

Der emanzipatorische politische Veganismus, den einige Tierbefreiungsaktivistinnen und manche Tierrechtlerinnen vertreten, ist marginal und auch nicht immer unproblematisch. Die Tierhaltung und -ausbeutung in großem Stil wird nicht allein von veganen Infoständen in Fußgängerzonen abgeschafft werden und auch nicht von noch so grauenhaften Bildern aus Ställen und Schlachthöfen in »Spiegel-TV«-Reportagen, die vielleicht sogar zur Verrohung beitragen. Sie wird, solange man es mit kapitalistischen Verhältnissen zu tun hat, schrumpfen und vielleicht überwunden, wenn sie absolut nicht mehr profitabel ist. Momentan scheint eher das Gegenteil der Fall zu sein – der Hunger der Welt nach Fleisch wächst, die deutschen Produktions- und Exportzahlen steigen, in Teilen der Branche um das Dreifache innerhalb einer Dekade. Was danach kommt? Fleisch aus dem Labor, wirklich guter Ersatzkäse aus dem 3D-Drucker oder etwas ganz anderes? In US-amerikanischen und israelischen Labors wird geforscht, was das Zeug hält, um einen Weg zur Erzeugung von schmackhaften, fettarmen, eiweißreichen Keulen, Wings und Steaks am atmenden, fressenden, scheißenden Tier vorbeizu(er)finden. Der kalifornische Konzern

---

8 Hilal Sezgin: *Artgerecht ist nur die Freiheit. Eine Ethik für Tiere oder warum wir umdenken müssen*, 3. Aufl. München 2014.
9 Der Kommentarverlauf ist öffentlich einsehbar.

Beyond Meat, der auf der Vertriebsebene mit verschiedenen Fleischkonzernen kooperiert,[10] absolvierte im Frühjahr 2019 erfolgreich seinen Börsengang und vermarktet seit Kurzem seinen gleichnamigen Burger auch in Deutschland; Nestlé vertreibt gemeinsam mit McDonald's ein Konkurrenzprodukt. Der vegane Ablasshandel funktioniert nach dem gleichen Prinzip wie der mit Bioprodukten und fragt nicht nach Arbeits- und Produktionsverhältnissen.

Viele derjenigen, die für das Recht des Tiers kämpfen, nicht gefoltert und nicht aufgefressen zu werden, reden sich ein, dass der Wandel kurz bevorsteht, man ihn noch erleben und das 21. Jahrhundert das des befreiten Tiers wird. Ein Blick nach Halle, Chemnitz, Köthen, Osteuropa, in Richtung Vereinigte Staaten oder Brasilien zeigt, dass es angeraten wäre, erst einmal für die Wiedererlangung eines Rechts auf körperliche Unversehrtheit, individuelle Selbstbestimmung und zuallererst auf Leben für Menschen zu streiten. Denn Tierrechte,[11] die ausschließlich passive Rechte sein können, über die Menschen verhandeln, kann es nur geben, wenn es Menschenrechte gibt. In diesem Zusammenhang fällt häufig der Begriff Speziesismus. Was darunter zu verstehen ist, welche Implikationen mit dem Konzept des Antispeziesismus verbunden sind und welche konkreten Auswirkungen es hat, werde ich in Kapitel 3 untersuchen.

Solange in Deutschland täglich Menschen mit anderer Hautfarbe, einer Kippa auf dem Kopf, ohne Dach über dem Kopf oder mit dem falschen Geschlecht verprügelt, gejagt und ermordet werden, gibt es auch für Tiere keine Hoffnung auf Befreiung. Die Lösung einiger Tierrechtlerinnen besteht allerdings darin, das »Problem« Mensch zu eliminieren. Auf Unterstützung im Kampf gegen Rassismus, Antisemitismus, Sexismus, Misogynie, Homophobie kann man von Seiten der Veganerinnen nicht unbedingt hoffen. Im Gegenteil werden Menschen mit solchen Denk- und Redeweisen von einem Teil der Szene im Kampf für die Rechte der Tiere freudig begrüßt, und in vielen Organisationen sind sie tonangebend. Was manche Tierfreundinnen

---

10 Matthias Rude: »Beyond the Hype: Wohin geht die vegane Bewegung?« In: Veganinfo.blog, 1.6.2019, Stand: 2.9.2019.
11 Die Forderung nach Tierrechten beinhaltet nicht solche Rechte wie die auf Gedankenfreiheit, Arbeit oder Bildung. Tatsächlich provozieren Kritikerinnen des Tierrechtsgedankens gerne mit der Frage, was der Hund denn davon haben soll, wählen zu gehen. Unter Tierrechten sind moralische Rechte wie das Recht auf Leben und körperliche Unversehrtheit zu verstehen, die zu respektieren solle Aufgabe moralischer menschlicher Subjekte sein. Sie beziehen sich auf all jene Tiere, die sich in menschlicher Obhut befinden oder anderweitig von Menschen abhängig sind, deren Lebensraum von Menschen beeinträchtigt wird oder deren Interessen mit denen von Menschen konfligieren. Näheres dazu siehe im Kapitel »Zur Problematik des Antispeziesismuskonzepts«.

vom nächsten Wahlsieg der AfD erhoffen, ist ein Schächtverbot, das Jüdinnen und Musliminnen diskriminieren wird.

Dieses Buch versucht, einige besonders problematische Aspekte des Veganismus und der eng mit ihm verknüpften Tierrechts- und Tierbefreiungsbewegung zu benennen, die sich in Statements von lokalen und internationalen Organisationen, Gruppen in sozialen Netzwerken, bei veganen Events und im Gespräch on- und offline mit einzelnen Personen offenbaren. Es erhebt keinen Anspruch auf Vollständigkeit, sondern folgt anhand beispielhafter Aussagen und Aktionen der Spur der Verachtung gegenüber menschlichem Leben, die mitunter in offenem Hass mündet. Um Tendenzen aufzuzeigen und Missstände offenzulegen, bleiben Pauschalisierungen nicht immer aus. Die Aussagen und Schlussfolgerungen gelten daher ausdrücklich nicht für *alle* sich als vegan verstehenden Personen.

Insbesondere die Sprache, die vegane Aktivistinnen verwenden, um ihr Anliegen zu formulieren, ist ein wichtiger Gegenstand der Untersuchung. Welche sprachlichen Bilder kommen immer wieder vor und warum? In welcher Tradition stehen diese Bilder, und wer benutzt sie mit welcher Motivation? Welches Menschenbild und welches Bild vom Tier werden konstruiert und reproduziert? Welche Funktion übernimmt das Tier? Eine erste Annäherung könnte die Übertragung absoluter Reinheit und Unschuld aufs Tier sein, das nur als Opfer denkbar ist und aufgrund seiner eigenen Sprach- und Begriffslosigkeit darauf zurückgeworfen bleiben muss. Welche konkreten Bilder nutzen Aktivistinnen, um ihre Themen zu visualisieren? Eine weitere wichtige Frage ist die nach dem Naturbegriff. Welche Vorstellungen von Natur liegen vor, woher kommen sie und wofür werden sie gebraucht beziehungsweise genutzt?

Eines der gravierendsten Probleme ist die von vielen Veganerinnen geteilte Überzeugung, man dürfe niemanden ausschließen, den Tieren sei es schließlich egal, ob ihre Fürsprecherinnen die AfD wählen oder nicht. Kritikerinnen nennen diese Einstellung »Hauptsache für die Tiere« (häufig abgekürzt HfdT), da einer dieses Kampfwort überall dort entgegenschallt, wo Leute unreflektiert und »unpolitisch« Tierschutz- und Tierrechtsarbeit betreiben. Dieser Schlachtruf lädt ganz bewusst Menschenfeindinnen ein. So heißt es ausdrücklich bei der Tierrechtsorganisation Animal Peace (AP): »Unsere wirklich ernstgenommene politische Neutralität erlaubt auch Rassisten und Rechten, Partei für die Tiere einzunehmen.«[12]

---

[12] Animal Peace: »Wir fordern«. In: facebook.com/animalpeace, 9./10.10.2016, Stand: 5.4.2019.

Das im englischsprachigen Raum verbreitete Äquivalent nennt sich Animals First und hängt mit der Earth-First-Bewegung zusammen. Viele einflussreiche Tierrechtlerinnen betonen ihre »unpolitische Haltung« und ihre Offenheit nach allen Seiten. Exemplarisch werde ich mich in diesem Zusammenhang in Kapitel 3 neben AP der unter Veganerinnen beliebten Meeresschutzorganisation Sea Shepherd und ihrem Gründer Captain Paul Watson sowie einigen Organisatoren und dem Anführer Paul Bashir von Anonymous for the Voiceless widmen. Diese und andere Beispiele sollen anregen, sich kritisch mit Aussagen und Aktivitäten in der Szene zu beschäftigen und nach der Motivation der Handelnden zu fragen.

Veganerinnen teilen sexistische, rassistische und antisemitische Einstellungen, wie sie in der Gesellschaft verbreitet sind, von der sie sich statistisch durch einen hohen Frauenanteil, einen hohen Bildungsgrad, gutes Einkommen und großstädtische Lebensweise unterscheiden. Eine spezielle Form der Relativierung der Shoah betreiben manche Veganerinnen, indem sie »Hühner-KZs« und das »Auschwitz der Tiere« beklagen. Dass es daneben Veganerinnen gibt, die nicht mit solchen Relativierungen oder Mordgelüsten gegenüber Fleischesserinnen öffentlich auffallen, ist zwar begrüßens-, aber eigentlich nicht besonders lobens- und erwähnenswert. Erklärungsbedürftig ist, woher die Menschenfeindlichkeit vieler Tierrechtsaktivistinnen kommt, welche Motive ihr zugrunde liegen und was eigentlich die Tiere damit zu tun haben. Man könnte vermuten, dass es sich hierbei um eine Projektion handelt. Eine genauere Untersuchung der Motive nehme ich in Kapitel 3 vor.

Es ist zudem ein Trugschluss zu glauben, man habe es mit einer Unterwanderung von rechts im Tierschutz zu tun. Tierschutz und auch der eng verwandte Umwelt- und Naturschutz sind keine genuin linken Themen.[13] Das zu ignorieren oder zu behaupten, es handele sich lediglich um Einzelfälle, ist fatal. Es ist wichtig zu verstehen, dass und warum Rechte für Tiere agitieren und marschieren. Die Rechtsextremismusexpertinnen Andrea Röpke und Andreas Speit betonen in ihrem Buch über die *Völkische Landnahme*,[14] dass das Engagement von rechts in diesen Bereichen keineswegs rein instrumentell, sondern vielmehr integraler Bestandteil des Selbstbilds ist. Röpke und

---

13 Siehe dazu den Grundlagentext von Colin Goldner: »Der braune Rand der Tierrechtsbewegung«. (Aktualisierte Fassung; zuerst erschienen in »Der rechte Rand« 108, September/Oktober 2007, S. 21 f.), in: »Tierbefreiung« 98 (2018), S. 24–29, und Peter Bierl: *Grüne Braune. Umwelt-, Tier- und Heimatschutz von rechts*. Münster 2014.
14 Andrea Röpke / Andreas Speit: *Völkische Landnahme. Alte Sippen, junge Siedler, rechte Ökos*. Berlin 2019.

Speit kritisieren die mangelnde Auseinandersetzung mit der deutschen Vergangenheit innerhalb dieser Bewegungen.

Wer oder was ist vegan?
Versuch einer Begriffsbestimmung

Vor rund zehn Jahren fand in der linken Wochenzeitung »Jungle World« eine Debatte über den ethischen Veganismus statt.[15] Eine Definition schlug damals Jesse-Björn Buckler in seinem »Plädoyer für einen linksradikalen Veganismus« vor:

Vegan zu leben bedeutet, sich nicht an der Gewalt zu beteiligen, die Tieren angetan wird, nicht den Auftrag zu geben, Tiere zu töten oder anderweitig von ihren Qualen zu profitieren. Das Argument der Veganer besteht in der größtmöglichen Minderung und schlichten Vermeidung von vermeidbarem Leiden.[16]

Vermeidbares Leiden zu vermeiden – das klingt zunächst nach einer einfachen und nachvollziehbaren Formel, nach der man in deutschen Großstädten inzwischen recht gut leben kann. Oder? Dass dennoch jede hierzulande von der Ausbeutung (bis hin zur Tötung) von Menschen und Tieren und der Zerstörung der Umwelt profitiert, sollte allen klar sein. Der Begriff der Leidensfähigkeit ist außerdem von verschiedenen Seiten kritisiert worden, da er einen falschen Fokus setze. Einige Tierrechtsphilosophinnen plädieren daher für den Begriff Empfindungsfähigkeit. Dieser umfasst über das Schmerzempfinden hinaus Emotionen wie Freude und Eifersucht oder sogar altruistisches Verhalten sowie speziesübergreifendes empathisches Handeln.

Reicht eine Ernährung, die frei von Tierprodukten ist, um sich als Veganerin zu bezeichnen? Viele Veganerinnen würden das verneinen. Denn es handelt sich für sie um eine Lebens- statt bloß um eine Ernährungsweise, auch wenn die tierproduktfreie Ernährung in der Praxis den größten Raum einnimmt. Weltanschauliche Aspekte spielen eine große Rolle, und die Gründe für eine vegane Lebensweise sind meist eine Mischung aus ethischen, ökologischen und gesundheitlichen Aspekten.

Veganerinnen grenzen sich üblicherweise von Tierschützerinnen ab, da deren reformistische Forderungen nach etwas größeren Käfigen und etwas weniger inhumaner Behandlung von Nutztieren ihnen nicht weit genug ge-

---

15 Die Debatte kann in einem Onlinereader, ergänzt um einen Text von Jan Gerber aus der »Bahamas«, nachgelesen werden: »Zur linken Kritik am Veganismus«. Dissonanz.blogsport.de, Jena 2011.
16 Jesse-Björn Buckler: »Go vegan! Ein Plädoyer für einen linksradikalen Veganismus«. In: »Jungle World«, 38/08, 18.9.2008.

hen. Es sind dann zwei weitere Gruppen zu unterscheiden, die Tierrechtsaktivistinnen und die Tierbefreierinnen. Der Gedanke der Tierrechte beinhaltet Forderungen nach der Ausdehnung bestimmter Grundrechte auf die sogenannten nichtmenschlichen Tiere, etwa das Recht auf Leben und das Recht auf Freiheit von Folter.[17] Tierrechte stehen damit in der Tradition des bürgerlichen Rechts. Die Tierbefreiungsbewegung geht darüber hinaus und will »die Herrschaft des Kapitals und damit den ihr korrelierenden bürgerlichen Staat ... überwinden, um eine befreite Gesellschaft zu schaffen, deren Verwirklichung die Beendigung des Ausbeutungsverhältnisses gegenüber den Tieren mit einschließt«, wie Matthias Rude ausführt.[18]

Mit wem man es auf dem Weg zur Befreiung der Tiere zu tun hat, zeigt exemplarisch ein Ausschnitt aus den Diskussionsbeiträgen und Kommentaren zu der Veranstaltung »Tierliebe und Menschenhass«, die im Januar 2019 in der Hamburger Sauerkrautfabrik stattfand. User »Johannson Crusoe« und seine Freundinnen offenbaren, wie im Internet »Fakten« produziert werden und wie Gerüchte entstehen. Die Diskussion berührt bereits viele der Themen, die ich in diesem Buch anspreche.

»Johannson Crusoe« hat die Veranstaltung geteilt und möchte wissen, wie der »›Menschenhass‹ von Mira gegen die ›vegane Szene‹ so aussieht«.[19] Im Diskussionsbereich der Veranstaltung schreibt er: »Warum ladet ihr denn keine linken Tierrechtler*innen zu dem Thema ein, sondern, eine ›konkrete Fleisch-Linke‹, für die Tiere töten vollkommen ›okay‹ ist?!«

»Crusoe« schlussfolgert aus der provokant formulierten Ankündigung zu einem Vortrag über die Gleichzeitigkeit von Empathie gegenüber Tieren und Verachtung menschlichen Lebens, dass die Vortragende Hass verspüren müsse gegen ihr Untersuchungsobjekt und, da sie sich kritisch mit der veganen Ideologie auseinandersetzt und Mitarbeiterin einer Zeitschrift ist, die sich nicht dadurch auszeichnet, Ideologien abzufeiern, automatisch das Töten von Tieren gutheißen müsse. Da »Crusoe« die Vortragende nicht für eine linke Tierrechtlerin hält, fällt sie automatisch aus der Gruppe derjenigen heraus, die sich zum Thema des Vortrags überhaupt äußern dürfen, denn das dürfen eben nur Betroffene, linke Tierrechtlerinnen. Er vermutet

---

17 Ein Beispiel hierfür ist das Great Ape Project, das Menschenaffen diese Rechte verschaffen soll und das maßgeblich von Peter Singer initiiert und von Colin Goldner und anderen umgesetzt wird.
18 Matthias Rude: *Antispeziesismus. Die Befreiung von Mensch und Tier in der Tierrechtsbewegung und der Linken*. Stuttgart 2013, S. 14.
19 »Johannson Crusoe« auf Facebook: »Gehen meine linken veganen Freund*innen da hin?« In: facebook.com/johannesihmseintee, 9.1.2019, Stand: 17.1.2019.

sie an einem »fleischlinken« Sprechort und wünscht sich ein Sprechverbot. Selbst wenn es stimmte und die Vortragende das Töten von Tieren etwa zu Nahrungs- oder Versuchszwecken guthieße, änderte das nichts an der Rechtmäßigkeit der Kritik.

»Crusoes« Freundin Sarah schaltet sich ein: »Ja, hab' auch überlegt hinzugehen, weiß aber noch nicht, ob ich Bock hab', mir das zu geben :D Der Name kommt mir auch irgendwie die ganze Zeit bekannt vor ... Woher kennt man diese Mira noch mal?«

Die Frage am Schluss suggeriert, dass die Vortragende durch Verhalten oder Aussagen bereits (negativ?) aufgefallen sein muss.

Sandra ergänzt: »Kenne ihren Namen auch irgendwo her, aber was war bei der los? Warum ist die komisch?«

Nun wird die Vortragende als komisch im Sinne von merkwürdig kategorisiert und psychologisch gedeutet. Mit ihr scheint etwas nicht zu stimmen. Implizit schwingt mit, dass man sich mit den Ausführungen einer komischen Person zu einem Thema, für das man selbst Expertin ist, nicht zu beschäftigen braucht.

Sarah meint sich zu erinnern: »Ah ... Eventuell war die mal auf 'nem Tierbefreiungskongress und hat so weirde Flyer verteilt? Kann das sein? Irgendwas klingelt da ganz schwach, aber ich bin mir nicht sicher.«

Sarah erinnert sich falsch. An einem Tierbefreiungskongress hat die Vortragende nie teilgenommen. Flyer hat sie früher ab und zu für einen Lebenshof verteilt. Die Flyer, die sie auf dem Tierbefreiungskongress verteilt haben soll, seien »weird«, also seltsam, schräg, wirr gewesen. Ein weiterer Hinweis, dass man ihre Thesen nicht zu ernst nehmen sollte.

Lisbeth verweist per Verlinkung auf den »konkret«-Artikel »Kann Spuren von Empathie enthalten« und wirft ein: »Vom Medium ab[gesehen,] liest sich das jetzt nicht sooooo falsch, oder?«

»Crusoe« geht inhaltlich weder auf den Einwurf noch auf den Artikel ein, sondern wiederholt: »Ich erwarte wohl eine ›konkret‹-Autorin, denen [sic] Tiere total egal sind. Ich denke, es wäre sinnvoll, von linken Tierrechtler*innen Vorträge halten zu lassen und nicht von fleischlinken Vegan-Hatern.«

Zu betonen, dass linke Tierrechtlerinnen Vorträge über Veganismus halten sollen und niemand, die außerhalb dieser Blase verortet wird, scheint »Crusoe« sehr wichtig zu sein. Er selbst befasse sich »mit der Thematik seit über 20 Jahren« – ein weiterer Hinweis darauf, dass man, da man ja schon alles weiß, keine weiteren Informationen benötigt, schon gar nicht von einer fleischlinken Vegan-Haterin. Neue Informationen bergen die Gefahr, das eigene Weltbild zu erschüttern.

Lisbeth vermutet, die Vortragende sei vegan. Offenbar ist die Frage, ob sie zur Eigen- oder zur Fremdgruppe gehört, auch für sie zentral. Das Medium, für das die Vortragende arbeitet, missbehagte Lisbeth bereits, auch wenn sie dem Inhalt des Artikels anscheinend überwiegend zustimmt. »Crusoe« antwortet, er sei sich sicher, dass die Vortragende nicht zu ihnen gehöre und beendet diesen Teil der Diskussion damit.

Felicia stellt die abschließende Diagnose: Die Vortragende sei eine Denunziantin und »selbsthassende ›postantideutsche‹ Antideutsche«, würde »Jagd auf ›linke Antisemiten‹« und »vorzeigefalsche Tierrechtler« machen sowie »Bücken bei Würstlinken« betreiben.

Die Vegan-Haterin, die ihr missliebige Menschen jagt und denunziert ... Felicia verwendet den Jargon der extremen Rechten. Warum sie das tut, lässt sich nur vermuten. Möglicherweise liegt auch hier eine Übertragung vor. Denn denunziert haben mich »Crusoe« und Felicia – als »Fleisch-Linke« beziehungsweise als jemand, die sich vor »Wurstlinken« bückt, als »selbsthassend« und unfähig zu Empathie gegenüber anderen Lebewesen. Diese Vorgehensweise, sich an (vermeintlichen) Eigenschaften der anderen Person statt an ihren Inhalten abzuarbeiten, mag zum Teil dem medialen Ort und dessen Vermitteltheit geschuldet sein, doch auch in Auseinandersetzungen außerhalb der Plattform Facebook ist mir mehrfach solch ein *argumentum ad hominem* begegnet.

»Ne Ha« kommentiert abwehrend: »Da gibt es endlich wieder eine Bewegung, die Menschen sogar im politischen Mainstream mit progressiven, in ihrem Wesen anarchistischen Gedanken erreicht (!) ... Und anstatt das zu begrüßen und zu unterstützen, verschafft Ihr hier einer Person Gehör, die selbst nicht Teil der Bewegung ist und nichts tut, als diese zu diffamieren.«

Andere Userinnen kommentieren zur Geschichte des Begriffs Holocaust und implizieren, dass dessen Alleinstellungsmerkmal hinfällig sei, da der Begriff etymologisch mehrdeutig sei.[20] Max W. etwa findet, die Intensivtierhaltung könne durchaus mit dem systematischen Genozid der Deutschen an den europäischen Jüdinnen verglichen werden, denn dies sei eine Möglich-

---

[20] Alle folgenden Zitate aus: Diskussion zum Vortrag am 18.1.2019 in der Hamburger Sauerkrautfabrik: »Tierliebe und Menschenhass« am 18.1.2019 auf Facebook, Stand: 17.1.2019.

keit, »einen ultimativen Ausdruck dafür zu finden, was wir Menschen den Tieren antun«. Er stellt außerdem die These in den Raum, »dass diese Welt eher von Tierhassern dominiert wird, nach dem Motto Hauptsache für die Menschen« und fordert, statt Gesellschaftsanalyse und -kritik zu betreiben, sollte man sich lieber damit beschäftigen, das »eigene Verhalten zu begreifen und zu ändern«. Dass Letzteres zur Theoriebildung beitragen und mit einer Gesellschaftsanalyse verschränkt sein kann, hat beispielsweise die zweite Welle der Frauenbewegung gezeigt. W. reproduziert jedoch, bewusst oder unbewusst, ein esoterisches Grundsatzdogma, dem zufolge Veränderung nur in der Einzelnen möglich und sinnvoll ist. Eine tiefergehende Auseinandersetzung mit kapitalistischen Verhältnissen, einen Begriff von Gesellschaft oder Politik lassen W. und »Ne Ha« vermissen. Dass Veganerinnen per Definition in erster Linie Konsumentinnen sind und Einkaufen eher wenig mit Anarchismus zu tun hat, mögen sie nicht hören.

Wieviel Ideologie und Identität in der Ernährung steckt, deutet sich hier bereits an und wird im Folgenden näher betrachtet.

2. »Ich bin Veganer Stufe 5«: Selbsterhöhung durch Verzicht

Vegan means I don't eat, wear or exploit animals.[21]

Veganismus als Berufung und moralische Notwendigkeit

In der Simpsons-Folge »Lisa als Baumliebhaberin« trifft die Vegetarierin und Umweltschützerin auf einen jungen Aktivisten, der von sich sagt: »Ich bin ein Veganer Stufe 5 – ich esse nichts, was einen Schatten wirft.« In der Übertreibung des Drehbuchs steckt ein wahrer Kern: Viele Veganerinnen begreifen sich als moralisch wertvollere Menschen. In der Abgrenzung zu Fleischesserinnen, Vegetarierinnen, Flexitarierinnen und Pseudoveganerinnen, die nicht darauf achten, ob das Etikett ihres Mandelmuses auch mit kaseinfreiem Kleber[22] angebracht wurde, finden sie eine Erhöhung ihres Selbst. Über der Frage, wer am vegansten (enthaltsamsten) ist, verliert sich jeder politische Inhalt. Das Dogma, sein Leben nach dieser konsumkritischen Verzichtsideologie auszurichten, be- und verhindert die Auseinandersetzung mit den wirtschaftlichen Prämissen, denen selbstverständlich auch der Veganismus unterworfen ist. Widersprüche der Gesellschaft lösen sich in der Lehre auf, denn wenn erstmal alle vegan sind, werden automatisch alle anderen Probleme gelöst sein, so die simple Schlussfolgerung. Der Psychoanalytiker Erich Fromm schrieb in *Haben oder Sein* über die Überkompensation der Asketikerinnen, die durch das »Bestreben, Besitz und Konsum zu unterdrücken, [sich] unausgesetzt mit diesen« beschäftigten. In der Abkehr von Besitz und Konsum manifestiere sich möglicherweise gerade der Wunsch hiernach. In Bezug auf »fanatische Vegetarier« spricht Fromm von destruktiven Impulsen, die diese verdrängen würden.

Praktisch beobachten ließen sich die religiös anmutenden Auswüchse des Veganismus während einer Diskussion, die sich im Juni 2019 nach den Wahlen zum Europaparlament auf mehreren Tierrechtskanälen entspann. Was war geschehen? Die Kleinstpartei Mensch Umwelt Tierschutz (MUT), landläufig unter dem Namen Tierschutzpartei bekannt, hatte es geschafft, ei-

---

21 Beliebtes Motto auf T-Shirts und anderem Merchandise.
22 Kasein ist ein Milcheiweiß, das aufgrund seiner bindenden Eigenschaften unter anderem zur Herstellung von Klebstoffen, Kondomen und Haarkuren verwendet wird.

nen Sitz zu ergattern. Die Freude des Kandidaten Martin Buschmann währte jedoch nicht lange, denn kurz nach der Wahl ließ er sich während eines Interviews mit der Lokalzeitung einen *Milch*kaffee servieren und tat dies auf Nachfrage des Redakteurs damit ab, dass man das nicht so dogmatisch sehen müsse und es unterwegs auch nicht immer einfach sei, konsequent Tierprodukte zu vermeiden. Buschmann hatte den Artikel unkommentiert zitiert und wohl nicht damit gerechnet, dass er damit einen Shitstorm der Veganerinnen gegen sich auslösen würde. »Entsetzt« und »fassungslos« waren die gutgläubigen Wählerinnen, sie fühlten sich »betrogen« und »verarscht«. »Wir bitten um Aufarbeitung, was ist wirklich in dem Restaurant passiert? Hat die Presse wirklich gelogen? Trinken Sie noch Muttermilch?«, lautete einer von hunderten empörten Kommentaren. Ein anderer: »Sowas hab ich gewählt?«, und spricht dem Politiker sein Menschsein ab. Buschmann sei ein »mieser Verräter«, dem »die Tiere in Wirklichkeit scheißegal sind«. Das Erregungslevel hätte kaum höher sein können, wäre Buschmann im thailändischen Bordell mit einer minderjährigen Sexsklavin ertappt worden.

Auf die Frage einer irritierten Mitlesenden, ob es nur um eine Tasse Kaffee mit Milch ginge, antwortete Friedrich Mülln, Gründer und Vorstandsmitglied des bayerischen Vereins Soko Tierschutz, der durch »Stern-TV«-Reportagen bundesweit bekannt wurde: »Es geht um Kälber, die ihren Müttern entrissen werden, entzündete Euter, Stromschläge, gebrochene Knochen, Schleifen mit der Seilwinde, eingesperrt auf engem Raum, Kettenhaltung, ballgroße Geschwüre, schmerzhafte Spaltenböden, hochgebundene Schwänze, ausgebrannte Hörner. Verstümmelte Ohren, weltweite Tiertransporte, verseuchte Gewässer, Methan als Klimakiller Nummer eins, Wasserverschwendung, Welthunger, Klimaflüchtlinge, multiresistente Keime, Kälber, die wegen falschem Geschlecht erschlagen werden, Fehlbetäubungen, Aufwachen während der Zerlegung, erstickende Kälbchen im Mutterleib, Monotonie, auf die Rippen abgemagerte Superkühe, grausame Kastration, stachelige Saugentwöhner für Kälbchen, Fußtritte gegen kranke Kühe, Kotschieber, die neugeborene Kälbchen in die Güllegrube quetschen, Artensterben, verseuchte Meere, Keulungen ... oder einfach nur ein[en] Schuss Kuhmilch.«[23] Die Bewertung des Vorfalls lässt jede Verhältnismäßigkeit vermissen. Mülln hatte zuvor zur Wahl der Partei aufgerufen und »schämte« sich angesichts des Milchskandals für seine Empfehlung. Er sei schockiert darüber, dass

---

23 Friedrich Mülln: »Tierschutzpartei in Panik«. In: facebook.com, 6.6.2019, Stand: 8.6.2019.

Buschmann »uns alle belogen hat und doch mal gerne Kühe und Kälber für deren Milch opfert«,[24] also ein »Tierausbeuter« sei. Mülln und einige weitere Tierfreundinnen forderten Buschmanns sofortigen Rücktritt.

Der Gewählte veröffentlichte kurz nach dem Aufruhr ein Statement, in dem er seinen »schwerwiegenden Fehler«[25] eingestand und schwor, sich in Brüssel »konsequent und zu 100 Prozent für eine tierleidfreie Landwirtschaft, ein Ende des Artensterbens, den Schutz unserer Natur sowie eine Politik der sozialen Gerechtigkeit ein[zu]setzen«. Das machte es allerdings nicht besser, denn beim Versuch, sich aus seiner misslichen Lage herauszuwinden, wurde er der Lüge überführt. Schlicht dämlich muss man tatsächlich Buschmanns Reaktion nennen, zahlreiche Kommentare auf seiner Facebook-Seite zu löschen und Nutzerinnen zu sperren, bevor er sich mit der Stellungnahme erklärte. Dass Politikerinnen nicht selten die Unwahrheit sagen und idiotische Dinge tun, ist bekannt, und dass Wahlversprechen mit einem großzügigen Ermessensspielraum einhergehen, ebenfalls. Man könnte den Vorfall nun abtun als Dummheit eines unerfahrenen Politikers einer unbedeutenden Partei, der sich seine gegenüber einem Presseorgan getätigten Aussagen nicht noch einmal zur Freigabe hat vorlegen lassen. Die Reaktionen aus Tierrechtskreisen bedürfen jedoch der Erklärung.

In den Kommentaren auf Müllns Seite wurde mehrfach auf die ebenfalls marginale Liste Ökolinx hingewiesen, deren bekannteste Vertreterin Jutta Ditfurth sein dürfte. Mülln hegt anscheinend Hassgefühle gegen Ditfurth, da diese in ihrem Klassiker *Entspannt in die Barbarei* Veganerinnen auf »wüste Art ... diffamiert«[26] habe. Richtig ist, dass sie in ihrem Buch Veganerinnen recht allgemein mit Biozentristinnen und Tiefenökologinnen[27] gleichsetzt. Das kann man ihr vorwerfen. Dass ihr »Tierschutz und Tierrechte total egal«[28] seien, wie Mülln weiter behauptet, ist jedoch nicht stichhaltig. Man darf Leuten zugestehen, dass sie 25 Jahre alte Einschätzungen

---

24 Friedrich Mülln: »Bei der EU-Wahl gibt es keine 5-Prozent-Hürde«. In: facebook.com, 18.5.2019, Update 5.6.2019, Stand: 6.6.2019.
25 Martin Buschmann: »Persönliche Stellungnahme«. 3.6.2019 (wurde zu einem Zeitpunkt nach dem 6.6.2019 aus dem Netz entfernt).
26 Friedrich Mülln: »Bei der EU-Wahl gibt es keine 5-Prozent-Hürde«, a. a. O.
27 Beim Biozentrismus steht, kurz gesagt, »Mutter Erde« im Mittelpunkt. Die Tiefenökologie ist Teil dieser Ideologie und fordert im Kern eine radikale Reduzierung der Weltbevölkerung, um wieder »im Einklang mit der Natur« zu leben. Ihr bekanntester Kritiker, Murray Bookchin, Professor für soziale Ökologie, bemängelte, dass die Bewegung »trotz aller sozialen Rhetorik nicht kapiere, dass »unsere ökologischen Probleme ihre Wurzel in der Gesellschaft und in sozialen Problemen haben« (zitiert nach: Jutta Ditfurth: *Entspannt in die Barbarei. Esoterik, (Öko-)Faschismus und Biozentrismus*, 4. Aufl. Hamburg 2011, S. 133. Siehe dazu auch in diesem Buch das Kapitel »Save a Whale, harpoon a Makah!«.
28 Friedrich Mülln: »Bei der EU-Wahl gibt es keine 5-Prozent-Hürde«, a. a. O.

relativieren. Auf Ditfurths offizieller Facebook-Seite konnte man während des Wahlkampfs immerhin folgende Aussage auf Nachfrage eines Nutzers lesen: »Nicht jede Tierbefreiung ist ökofaschistisch und Veganismus [ist] nur zu kritisieren, wenn er als Ideologie Menschen abwertet.«[29] Weiter heißt es: »Vegane Ernährung sehen wir grundsätzlich positiv und Tier›produkte‹ schaden der Biosphäre vor allem dann, wenn es zum Beispiel riesige Rinderfarmen gibt, damit jeder jeden Tag Fleisch essen kann, der es sich leisten kann. Zerstört werden wichtige tropische Wälder, und die CO_2-Produktion wird hochgetrieben. Ansonsten sind wir für weitgehenden Tierschutz, ohne den Menschen abzuwerten.«[30] Das mag nur eine klassische Tierschutzposition ergänzt um vegane Ernährung sein, dennoch sollte man anerkennen, dass Ditfurth offensichtlich die Folgen der weltweiten Tiernutzung bewusst sind und ihr an deren Reduzierung gelegen ist. Dass von Tier»produkten« die Rede ist, ist außerdem ein Indiz dafür, dass sie sich zumindest mit der von der Tierrechts- und Tierbefreiungsbewegung geäußerten Kritik an solchen Begriffen beschäftigt hat.

Dennoch dürfte das nicht reichen, um Mülln und seine Mitstreiterinnen versöhnlich zu stimmen. Denn anders als für manche pragmatischen Tierbefreierinnen scheint für sie die alles entscheidende Frage zu sein: Bist du vegan? Und gehörst du nicht zu uns, so bist du gegen uns. Dieses Denken in Kategorien von bestehender oder fehlender Zugehörigkeit zu einer bestimmten Gruppe ist in vielen sich als links oder alternativ verstehenden Kreisen, zu denen sich viele Veganerinnen rechnen, weitverbreitet und verhindert eine sachliche Auseinandersetzung. Die Nicht(mehr)zugehörigkeit einer Person zur eigenen Gruppe kann deren sozialen Tod für diese Gruppe bedeuten. Mit ihren Argumenten und ihrer Kritik braucht man sich dann praktischerweise gar nicht abzugeben, da sie als nicht Zugehörige kein Recht (mehr) hat, sich zu äußern und man ihr das Zuhören schlicht verweigert. Nur noch »Betroffene« dürfen sprechen, und was sie sagen, ist unhinterfragbar. Kritik an konkreten Aussagen wird als persönliche Verletzung wahrgenommen, da man die eigene gesellschaftliche Identifikation *ist*. Dieses Denken hat sich seit dem Herüberdriften postmoderner Diskurse aus den Vereinigten Staaten hierzulande verstetigt und wird mittlerweile in großen Teilen der Linken benutzt, um buchstäblich Sprechverbote zu verhängen. Vergessen wird

---

29 Jutta Ditfurth: »Statt dem Placebo CO_2-Steuer schnelle Produktionsumstellung auf CO_2-arme Produktionsprozesse und Produkte«. In: facebook.com/jutta.ditfurth, 24.5.2019, Stand: 9.6.2019.
30 Ebd.

dabei, dass nicht jede Kritik an Identitätsverständnissen eine Kritik an der jeweiligen Identität an sich bedeutet.

Mülln bemerkt abschätzig: »Frisst Ditfurth Fleisch ...? Sie ist sehr ruhig zu ihrem Lebensstil.«[31] Mit ihrem Fleischkonsum trage sie »zur Ausbeutung von Tier, Erde und den so hochgehaltenen ArbeiterInnen bei«. Er fordert, die Linken sollten daher »mit gutem Vorbild voranziehen und ohne Tierleid leben, anstatt mit ihrer Ernährung die Wellen von Geflüchteten auszulösen, die dann Wasser auf den Mühlen des AfD-und-Co.-Packs sind, um unsere Freiheit zu stürzen«.[32] Es ist erhellend, dass der Tierrechtsaktivist von *fressen* spricht und Ditfurths vermuteten Fleischkonsum damit unter bewusstem Bezug auf eine Mensch-Tier-Dichotomie als animalisch kennzeichnet. Denn fressen, das tun nur Tiere, jedenfalls in der speziesistischen Welt, in der Mülln Ditfurth verortet. Offensichtlich gehört sie damit zur Fremdgruppe. Dass der Aktivist außerdem wie selbstverständlich von »Wellen von Geflüchteten«, also von geflohenen Menschen als einer unberechenbaren Naturgewalt spricht, ist zumindest bemerkenswert. Dass Linke, die Fleischprodukte konsumieren, am Elend der Arbeiterinnen schuld und der Grund für die Migration verzweifelter Menschen sein sollen, mutet grotesk an. Nur als perfide kann die Schlussfolgerung bezeichnet werden, letztlich seien die Geflüchteten an der Stärke von AfD und Rechtsterrorismus und an der Demontage der Demokratie schuld. Persönlicher Unwille, den eigenen Konsum zu ändern, sei das einzige Problem, jede Einzelne ist verantwortlich und muss Rechenschaft ablegen.

Die Ansage, man solle doch einfach ohne Tierleid leben, zeigt im Gegenteil den Unwillen Müllns und aller anderen Dogmatikerinnen, die von einem tierleidfreien Leben halluzinieren, sich mit der Funktionsweise des weltweiten Wirtschaftens zu beschäftigen. Denn sie irren. Veganismus rettet nicht die Welt und auch nicht die Tiere in ihr. In einer kapitalistischen Welt vegan zu leben, mag das Gewissen beruhigen und eine legitime widerständige Praxis der Verweigerung sein, es bedeutet jedoch nicht, kein Leid zu verursachen oder moralischer zu sein als andere. Es kann allerdings als bequeme Ausrede dienen, nicht an den Produktionsverhältnissen zu rütteln. So traurig es ist: Man muss die Lebewesen in den Tierfabriken der kapitalistischen Logik zufolge als Waren begreifen (die gleichzeitig Produktionsmittel sein

---

31 Friedrich Mülln: »Bei der EU-Wahl gibt es keine 5-Prozent-Hürde«, a. a. O.
32 Ebd.

können). Um das Schlachten zu beenden, genügt es nicht, andere Waren zu kaufen, das belegen schon die Exportzahlen von Fleisch. Beim Anbau und der Ernte von zum Beispiel Kaffee, Kakao, Avocados, Cashewnüssen (beliebt als Grundsubstanz für veganen Käseersatz), bei der Förderung von seltenen Erden für Windkraftanlagen, Handys und Laptops und praktisch *allen anderen* Konsumgütern, ob mit oder ohne Vegan-Label, kommen nicht selten Kinder- und Sklavenarbeit zum Einsatz, wird die Umwelt verseucht, leiden und sterben Tiere *und* Menschen – und das alles für den maximalen Profit. Denn produziert wird nicht zur Bedürfnisbefriedigung von Menschen, sondern damit aus Kapital mehr Kapital wird, und das auf möglichst effektive Weise. Ethik kann in diesem System lediglich selbst zur Ware werden und sich mit entsprechendem Siegel prostituieren.

Der wichtige Unterschied zwischen den Aussagen »Ich ernähre mich vegan« und »Ich bin vegan« (oder: »Ich lebe vegan«) besteht in der Identifikation, die der zweite Satz beinhaltet. Der anonyme Politaktivist Espi Twelve schreibt über vegane Identitätspolitik: »Vegan zu ›sein‹ verspricht, das Richtige im Falschen umzusetzen: mit einem bestimmten Konsum ausbeutungsfrei zu leben.«[33] Die Illusion, »mit Tierausbeutung nichts mehr zu tun, also eine ›reine Weste‹ zu haben, ohne sich um eine ständige Reflexion der weit verzweigten Herrschafts- und Ausbeutungsverhältnisse bemühen zu müssen«, dient als moralisches Distinktionsmerkmal gegenüber den Auftragsmörderinnen; »die komplexen Zusammenhänge von Unterdrückung werden gar nicht erfasst, weil es eine einfache Formel gibt: ›Werde vegan, und dann ist alles gut.‹«[34] Weiter problematisiert Twelve die Identität über das Vegansein an sich. Dieses »wird schnell wichtiger als der Kampf für eine herrschaftsfreie Welt«, und »praktisch ist es regelmäßig so, dass Menschen ›innerhalb‹ solcher Gruppen nur noch wenig Sensibilität für das Geschehen um sie herum aufbringen und nicht einmal registrieren, dass sie sich ausschließend verhalten«.[35]

Im Fall Buschmann heißt das: Da er nun als unveganer Heuchler enttarnt ist, gehört er nicht mehr zur Eigengruppe, er ist »keiner mehr von uns« und hat damit das Recht verwirkt, für die vegane Sache, für Tierrechte zu sprechen. In diesem Sinn kann der Ruf nach sofortigem Rücktritt als veganes Äquivalent zur Exkommunikation gedeutet werden. Buschmann hat sich versündigt

---

33 Espi Twelve: »Vegane Identitätspolitik«. In: antispedd.noblogs.org, Stand: 25.12.2018.
34 Ebd.
35 Ebd.

und Schuld auf sich geladen, denn er hat das Gebot »Du sollst nicht das Eutersekret einer fremden Spezies zu dir nehmen« übertreten. Seine Abbitte, sich für eine komplett tierleidfreie Landwirtschaft einsetzen zu wollen, stellt den Versuch dar, von nun an ein besonders gewissenhafter Gläubiger zu sein. Seine Kritikerinnen empfinden diesen jedoch nicht als aufrichtig, sondern als typische Politikergeste. Eine angemessene Strafe kann nur in seiner sozialen Ächtung bestehen.

Es geht beim veganen Lebensstil also sehr stark um Identität, und diese wird mithilfe der Konsumkritik aufgebaut und gestützt. Deshalb ist der als richtig wahrgenommene Konsum so entscheidend: Wer sich nicht daran hält, fällt praktisch vom Glauben ab – und das darf nicht sein, denn dann ist man zurückgeworfen auf ein früheres, schlechteres Ich, das man überwunden geglaubt hatte, das man nicht mehr ist, nicht mehr sein will (und das die Andere ebenso nicht mehr sein darf), vielleicht auch nicht mehr sein kann, weil sich die neuen Freundinnen dann von einer abwenden werden, wie man selbst das ebenfalls täte. Es herrscht ein ungeheurer Druck, nichts Falsches zu konsumieren, sich keinen Fehltritt, keine Verletzung der Konsumregeln zu erlauben, wobei die Speiseregeln mit Abstand am wichtigsten sind, da hier erstens etwas direkt Teil des eigenen Körpers wird und zweitens offensichtlich etwas überhaupt erst hergestellt werden muss, damit es verbraucht werden kann.

Zu den Speisevorschriften kommen Vorgaben für Kosmetik, Wasch- und Reinigungsmittel sowie Kleidung, und das alles soll möglichst auch Bio- und Fairtrade-Standards entsprechen. Einige vegan lebende Frauen, die unter starken Menstruationsbeschwerden leiden, nehmen lieber die Schmerzen in Kauf statt ein wirksames Medikament dagegen, weil viele Tabletten als Füllstoff oder Überzugsmittel Laktose (Milchzucker) enthalten. Die Frage nach der veganverträglichsten Bank stellt sich, und man macht sich Gedanken um den veganen Urlaub von der Lohnarbeit, und so kann man ewig weitermachen mit der Suche nach dem richtigen Leben im falschen. Geläuterte Fleischesserinnen, die zum Veganismus konvertiert sind, haben die Bürde eines Übersolls zu tragen, das nur mit missionarischem Eifer und einer mehr als hundertprozentigen Hingabe an die Sache zu erfüllen ist. Umgekehrt erleben Exveganerinnen nicht selten eben jene Verachtung, an der Freundschaften zerbrechen (wobei man sich fragen muss, ob eine Beziehung, die vornehmlich auf einer gemeinsamen Ernährungsweise fußt, besonders tragfähig sein kann). Der Musikmanager Andreas »Bär« Läsker meinte nach seiner Konversion, dass Krankenkassen seiner Ansicht nach bei der Beitragsbemessung die

Essgewohnheiten ihrer Versicherten berücksichtigen sollten.[36] Damit reiht er sich ein in den Chor der Entsolidarisiererinnen und Eigenverantwortungspredigerinnen. Der liberalen Marktwirtschaft gefällt das.

Es ist bezeichnend, dass die Aufregung sich um eine Tasse Kaffee mit Milch drehte, während in der gleichen Diskussion das rechte Gedankengut mehrerer führender, inzwischen teils ehemaliger Mitglieder der Tierschutzpartei sowie deren Allianzen beziehungsweise personelle Überschneidungen mit AfD, Freien Wählern, Republikanern und NPD und die mangelhafte Aufarbeitung durch die Partei eher am Rande abgehandelt und überwiegend abgewehrt wurden.

Erlösung durch Ernährung:
Speisegesetze und Heilsversprechen

Mit der Kritik des Veganismus als Ernährungsideologie und seinen religiösen Zügen beschäftigen sich außerhalb der Szene insbesondere Vertreterinnen der christlichen Kirchen, die ihre weltliche Konkurrenz im Blick haben. Kai Funkschmidt von der Evangelischen Zentralstelle für Weltanschauungsfragen referiert: »Religionspsychologisch haben [Speisegesetze] identitätsstiftende Funktion. Dabei steht nicht das Individuum, sondern die religiöse Gruppe im Vordergrund.« Man sei erstens »in gemischter Gesellschaft gezwungen«, sich zu seinem Glauben zu bekennen, und habe gleichzeitig die Möglichkeit, »ihn nach außen zu bezeugen. Zweitens geschieht durch diese Unterschiedenheit Vergewisserung nach innen. Traditionell werden Speisegebote also mit religiösen Heilshoffnungen begründet. Im Veganismus der Gegenwart werden nun die Ernährungsregeln selbst zum Heilsversprechen.«[37] In der Tat: Vegane Ernährung bewahrt vor schweren Erkrankungen, heilt Krebs und macht praktisch unsterblich – wie man etwa auf der vielbesuchten esoterischen Seite Bewusst-vegan-froh.de erfährt –, jedoch nur diejenigen, die sich strikt an die Ernährungslehre halten. Wer erkrankt, ist selbst schuld und hat wohl schwere Fehler begangen (vielleicht in einem früheren Leben?). Funkschmidt spricht von »Selbsterlösung durch Ernährung«.[38]

Religiöse Speisegesetze hatten über viele Jahrhunderte hinweg neben der identitätsstiftenden Funktion den Zweck, die Körper der Gläubigen reinzu-

---

36 Vgl. Andreas »Bär« Läsker: »Vegan ist, wenn man trotzdem lacht«. Interview in »Kochen ohne Knochen« 19 (2/2015), S. 8–11, hier: S. 8.
37 Kai Funkschmidt: »Die Essensjünger«. In: zeitzeichen.net, Stand: 19.12.2018.
38 Kai Funkschmidt: »Die Essensjünger«. In: ard.de, Stand: 19.12.2018.

halten. Beim Schweinefleischverbot im Judentum und im Islam profitierten diese daneben unwissentlich, aber ganz praktisch davon, nicht an Trichinellose zu erkranken, einer weitverbreiteten parasitären Krankheit von Schweinen. Doch nicht nur die Körper, auch die Seelen sollten durch einen bewussten Umgang mit Nahrungsmitteln reingehalten werden. Welches Tier oder welche Tierausscheidungen als Nahrung dienen dürfen und welche nicht, hängt nicht allein von deren Genießbarkeit ab, sondern vor allem vom kulturellen und sozialen Kontext. In der säkularisierten Esskultur westlicher Länder lässt sich dies am Konsumverhalten einer gutverdienenden Mittelschicht beobachten, die auf regionale, saisonale, Bio-, Fair-Trade- und mitunter vegane Produkte besonderen Wert legt. Manche vegan lebenden Menschen nehmen zudem keine Speisen zu sich, die mit Kochgeschirr zubereitet worden sind, das (möglicherweise) auch zur Zubereitung von tierischen Lebensmitteln verwendet wird. Dies erinnert stark an die jüdisch-orthodoxen Speisegebote, die gesondertes Geschirr für fleisch- und milchhaltige Gerichte vorsehen. Die kultische Reinheitsvorstellung sorgt für die Bedingungen, unter welchen Umständen und in welcher Form tierische Produkte verzehrt werden dürfen (und wann nicht – etwa in der Fastenzeit). Dem Fleisch kommt dabei eine herausragende Bedeutung zu, da es das Töten eines Lebewesens voraussetzt. Im Judentum und im Islam ist das Blut als Sitz des Lebens tabu. Wie aberwitzig es bereits bei den christlichen Speisegeboten zuging, zeigt die Tatsache, dass findige katholische Mönche im Mittelalter das Fleischverbot während der Fastenzeit mit dem Verzehr von Fischen, Bibern und Enten umgingen.

Wer, aus welchen Gründen auch immer, nicht in der Lage ist, die »tierleidfreien« Speisevorschriften einzuhalten, hat mit Schuldgefühlen, Selbstzweifeln und Selbstabwertung zu kämpfen: »Ich bin nicht gut genug, ich bin schlecht, ich bin schwach.« Wer Milchschokolade oder, im Fall der roh-veganen Glaubenslehre, Gekochtes und damit nach einer willkürlichen Definition Schlechtes isst, sündigt, wird von der Gemeinschaft ausgestoßen. Die Sünderinnen können allerdings Vergebung und Absolution erhalten, wenn sie echte Reue zeigen und Besserung geloben. Vegane Onlineforen sind voll von »Ich habe gesündigt«-Threads, in denen die Mitglieder sich gegenseitig ihre Verfehlungen beichten und sich darin bestärken, dass man die Gelüste überwinden müsse, um wieder zu einem von Selbstdisziplin und ethischen Gedanken und nicht von körperlicher Schwäche und Genusssucht bestimmten Menschen zu werden. Stimmen, die dafür plädieren, kleine Ausnahmen zuzulassen, werden selten akzeptiert. Die (Online-)Community gibt ein Gefühl der Sicherheit und Zugehörigkeit und fungiert zugleich als kollektives Kontrollorgan.

Veganismus konstituiert sich so durch eine Verzichtsmentalität, die in heftige Selbstkasteiung münden kann, denn überall lauern Versuchungen, die abgewehrt werden müssen. Oberflächlich geht es um den Verzicht auf Mord und Totschlag, doch darunter liegt mehr. Innere Konflikte und Aggressionen werden, wie im vorigen Kapitel gesehen, abgeleitet und auf »unvegane« Mitmenschen übertragen; teils mit gravierenden persönlichen und sozialen Folgen für diese. Üblicherweise heißt es: »Ich *bin* vegan / Veganerin« und nicht: »Ich ernähre mich vegan« oder »Ich unterstütze die vegane Idee«. Man ist vegan, man lebt vegan, man richtet sein Leben nach einem angeblich tierleidfreien Ideal aus. Einige investieren viel Zeit und Geld darein, vor allem aber geht es um Identität. Diese Denkweise ist fundamental, daher werden abtrünnige Exveganerinnen von manchen wie Ketzerinnen behandelt. Kritik am veganen Weltbild empfinden viele Veganerinnen als Kritik an ihrer Person, und Emotionen wiegen schwerer als Argumente. Diskutieren ist daher oft zwecklos.

Die häufig beschriebenen Erweckungserlebnisse, nach denen man sich zum Veganismus bekehrt, folgen einem Muster. Das kann die Begegnung mit einem speziellen Tier sein, in dessen Verhalten man menschliche Züge und ein Bewusstsein entdeckt, oder Bilder und Videos, die belegen, wie unmenschlich es in der industriellen Tiervernutzung zugeht. Religiöse Begriffe wie Erweckung, Erwachen oder Bekehrung tauchen im veganen Kontext auffällig häufig auf.

Veganismus kann schließlich als Ausdruck eines spirituellen Bedürfnisses, das keine traditionelle Gottheit mehr benötigt, gedeutet werden. Er dient als moralische Instanz, die richtig und falsch durch Ge- und Verbote festschreibt und an die man Verantwortung und Entscheidungen abgeben kann. Dabei gilt: Je mehr Verbote, desto besser und desto höherwertiger ist die Veganerin. Das macht das Leben übersichtlicher, verspricht Kontrolle und hat den Effekt, dass man sich als Teil einer ethisch verantwortungsbewussten Elite begreifen kann. Alle, die nicht vegan sind, werden wahlweise infantilisiert (sie wissen es nicht besser, haben die eigene Stufe der Erkenntnis noch nicht erreicht), missioniert (höret die Botschaft) oder verachtet (sie sind meiner nicht würdig, mit denen will ich nichts zu tun haben). Schlimmer noch trifft es Fleisch-, Milch-, Wollproduzentinnen, Jägerinnen und sonstige Tierausbeuterinnen, die direkt vom Tierleid profitieren. Sie werden gleich ganz aus der menschlichen Gemeinschaft ausgeschlossen. Da scheint ein altbekannter Antagonismus auf: »wir« gegen »die«. Wer nicht nach denselben Maßstäben lebt und handelt wie man selbst, kann keine gleichwertige Gesprächs- oder Koalitionspartnerin sein. Konsequent weitergedacht bedeutet das: Wenn Veganismus und Tierrechtsgedanke das Sein und Denken überformen, dann werden Allianzen mit tierleidvermeidenden Rechten denkbar, während man Fleisch- oder Milchprodukte verzehrende Linke verächtlich macht und ausgrenzt.

Die Suchenden sehnen sich zudem nach Anleitung und einer Instanz, die unmissverständlich vorgibt, was richtig (wahr) und was falsch ist. Beispiele dafür finden sich in verschiedenen Kontexten und mit unterschiedlicher Gewichtung von Teilaspekten. Die Versprechungen sind vielfältig: Vegan zu leben macht schön von innen und außen, verhilft zu einer guten Figur, Jugendlichkeit und Sex-Appeal, es ist gesund für eine selbst und für die Umwelt, man tut sich und den Tieren etwas Gutes und kann sich befreit fühlen von dem seelisch und körperlich belastenden fleischhaltigen Essen und der Mitschuld am tierischen Elend. Es sind auffällig viele Männer, die öffentlich den Veganismus propagieren, während schätzungsweise 80 Prozent der tierproduktfrei Lebenden weiblich sind.

Vegankoch Attila Hildmann ist für den Fitnessbereich zuständig, Tiere kommen bei ihm eher am Rande vor. Zahlreiche weibliche Fans verteidigen ihn trotz seines offenkundigen Sexismus. Der Esoterik-Arzt Ruediger Dahlke ist vor einiger Zeit ebenfalls auf den lukrativen Vegan-Zug aufgesprungen, veröffentlicht nun jedes Jahr mindestens ein Bestseller-Kochbuch unter seinem Label »Peace Food« und kümmert sich damit um die geistige und körperliche Gesundheit des veganen oder zu veganisierenden Publikums. Was der rechte Esoteriker außerdem verbreitet, von Lichtnahrung über Reinkarnationstherapie bis zu kruden Theorien über Krankheitsursachen, ignorieren seine Anhängerinnen oder nehmen es in Schutz. Die Mehrzahl scheint allerdings ohnehin das Gesamtpaket zu schätzen. Und Kapitän Paul Watson, Gründer der Meeresschutzorganisation Sea Shepherd, der mit seiner Crew militante und pressewirksame Aktionen gegen Walfängerinnen unternimmt, wünscht sich eine Dezimierung der Weltbevölkerung auf maximal eine Milliarde Menschen und wird dafür von vielen bejubelt. Die Liste lässt sich fortsetzen. Hildmann und Dahlke dürften sehr gut am Vegan-Hype verdienen. Dahlke werden wir im nächsten Kapitel näher kennenlernen, Watson später.

Missionarische Elemente und ein ausgeprägtes Sendungsbewusstsein spielen ebenfalls eine Rolle. Der Veganismus wird als Heilsversprechen für eine friedliche Zukunft imaginiert, in der es keine Kriege mehr gibt, sobald es keine Schlachthäuser mehr gibt. So formulierte es der Vegetarier Leo Tolstoi, und so zitieren ihn heute zahlreiche Veganerinnen, unter ihnen Ruediger Dahlke. Allerdings scheint dieser behauptete monokausale Zusammenhang eher Ausdruck eines hoffnungsvollen Wunsches zu sein als eine hinreichende Erklärung für die komplexen Zusammenhänge der Bedingungen und Folgen weltweiter industrieller Nutztierhaltung einerseits und den oft verschleierten Interessen der Kriegsparteien sowie teils widersinnigen Kriegsgründe andererseits. Das kann bis zum Wunsch führen, alle Nicht-Veganerinnen sollten sterben. Die Australierin Leanne Ratcliffe, die unter dem Namen Freelee ein Millionenpublikum auf Youtube begeistert und angeblich irgendwo im Dschungel lebt, ganz natürlich mit Internet und Videoschnittsoftware, gehört zu ihnen.[39] Sie hängt der Illusion an, dass Veganismus das Allheilmittel für alle Probleme des Planeten wäre, und zieht daraus den für sie logischen Schluss, wenn alle Fleischesserinnen und Milchtrinkerinnen weg sind, wird alles für alle Übrigen gut. »Veganismus oder Tod« ist ein häufig begegnendes »Argument« in Diskussionen über die Überwindung des Tierproduktekonsums. Veganismus ist nicht die *moral baseline*,[40] widerspricht Swayze Foster auf ihrem Kanal Unnatural Vegan. Foster ist eine der raren rationalen Veganerinnen, und sie spricht die Selbstverständlichkeit aus, dass niemand aufgrund von Ernährungsgewohnheiten abgeurteilt oder gar umgebracht gehört. Foster führt an, dass andernfalls schließlich auch jemand behaupten könnte, Freeganismus[41] wäre die moralische Richtlinie, und alle »normalen« Veganerinnen müssten sterben, weil sie unsägliches Tier- und Pflanzenleid verantworten. Es mutet grotesk an, darüber überhaupt zu diskutieren. Doch das folgt, wenn aus Ernährung Ideologie wird.

---

39 Leanne Ratcliffe: »Should meat-eaters be forced to be vegan?« 27.5.2009, in: youtube.com, Stand: 31.12.2018.
40 Swayze Foster: »Yes, non-vegans deserve to live«. 15.5.2015, in: youtube.com, Stand: 27.12.2018.
41 Freeganerinnen versuchen, so wenig wie möglich am Kaufkonsum teilzunehmen, indem sie zum Beispiel noch essbare Lebensmittel aus den Müllcontainern von Rewe und Co. bergen und Gebrauchsgegenstände, die andere weggeworfen haben, reparieren oder schlicht weiternutzen. Auch Dienstleistungen werden gerne als Tauschgeschäft ohne Geldfluss ausgehandelt. Die Aktivistinnen handeln mitunter aus dezidiert anarchistischen Motiven und nicht unbedingt aus ökonomischer Notwendigkeit. Die sogenannten Volxküchen (auch Küfa, Küche für alle), die viele selbstverwaltete Projekte wie Infoläden und autonome Zentren anbieten, speisen sich häufig teilweise oder überwiegend aus containerten und/oder gespendeten Lebensmitteln.

Muss man den Veganismus, oder zumindest einige seiner Ausprägungen, schließlich als sektenhaft bezeichnen? »Begriffe wie Menschenwürde, Menschenrechte, Freiheit, Toleranz, Selbstentfaltung, Selbstverwirklichung bezeichnen die Orientierungspunkte, an denen akzeptables Handeln gemessen wird. Daher bezieht sich der Begriff ›Sekte‹ in der Umgangssprache immer mehr auf Gruppen, die in Lehre und Praxis systematisch gegen diese Orientierungen verstoßen«,[42] erklärt Hansjörg Hemminger, Experte für Weltanschauungen und langjähriger Sektenbeauftragter der Evangelischen Kirche. Es lässt sich immerhin nicht bestreiten, dass es in Teilen der Szene eine deutliche Tendenz gibt, Menschen zu entwürdigen, Menschenrechte zu bagatellisieren und Toleranz vor allem gegenüber Intoleranz zu fordern.

Etwa die Hälfte der Kriterien für religiöse Sekten, die das sächsische Kultusministerium nennt, sind mir bei veganen Organisationen und Einzelpersonen mehrfach aufgefallen. So zum Beispiel die ersten beiden wichtigen Kriterien: »Die Gruppe gibt vor, Orientierung, Sinn und Geborgenheit zu bieten« und »Das Weltbild der Gruppe ist verblüffend einfach und scheint jedes Problem zu klären.«[43] Ein weiteres Indiz ist laut Ministerium »ein starkes Überlegenheits- und Auserwählungsgefühl« der Anhängerinnen und dass die Gruppe sich als Elite begreift, die sich von der sie umgebenden Welt abspaltet. Hinzu kommen mangelnde Bereitschaft, sich mit Kritik von außen an der eigenen Weltsicht auseinanderzusetzen, was darin münden kann, sich mit gruppenfremden Personen möglichst gar nicht mehr privat zu treffen, sowie in gegenseitige Kontrolle der einzelnen Mitglieder. Die Weltanschauung steht über allem und bestimmt über soziale Beziehungen; Familie, Freundschaften, andere Interessen sind ihr untergeordnet und müssen gegebenenfalls aufgegeben werden. Andere Kriterien wie Bewusstseinskontrolle, ökonomische oder sexuelle Ausbeutung erfüllt die vegane Ideologie jedoch weitgehend nicht.[44] Es wäre außerdem falsch, ihre Anführerinnen als Gurus zu bezeich-

---

42 Hansjörg Hemminger: *Was ist eine Sekte? Erkennen – Verstehen – Kritik*, 2. Aufl. Mainz 1996, S. 65.
43 Sächsisches Staatsministerium für Kultus: »Ist das eine Sekte?« In: sekten-sachsen.de, Stand: 6.8.2019.
44 Allerdings gibt es Ausnahmen. Die christliche Sekte Universelles Leben (UL) zum Beispiel muss zu diesen gezählt werden. Siehe darüber hinaus das Kapitel »Hauptsache, viele Stimmen für die Tiere« in diesem Buch.

nen.[45] Deren Allmacht besitzt kaum eine von ihnen, und die Form totaler persönlicher, geistiger, körperlicher, materieller Abhängigkeit von einem Guru und der absolute Gehorsam ihm gegenüber sind nicht typisch. Daher sollte man weder von *dem* Veganismus als Sekte sprechen noch allgemein all seine Ausprägungen als sektenhaft bezeichnen. Einige allerdings schon, wie ich in Kapitel 3 zeigen werde. Die genannten Merkmale sollte man dabei im Hinterkopf behalten.

Esoterischer Gesundheitsveganismus:
Der Reinkarnationstherapeut Ruediger Dahlke

Sein Hausverlag bewirbt Ruediger Dahlke als »Begründer einer modernen Psychosomatik und Mitinitiator der veganen Welle«.[46] Dahlke ist einer der im deutschsprachigen Raum bekanntesten und vermutlich monetär erfolgreichsten Esoteriker. Der Mediziner ist Anhänger der Germanischen Neuen Medizin des 2017 gestorbenen Antisemiten Ryke Geerd Hamer[47] und empfiehlt Krebspatientinnen »[ihr] Bett um[zu]stellen«,[48] um die Wirkung schädlicher »Erdstrahlen« zu vermeiden. Bekannt geworden ist Dahlke in den 1980er Jahren durch das Buch *Krankheit als Weg*, das er gemeinsam mit dem Esoterik-Psychologen Thorwald Dethlefsen verfasst hat. Diese Bibel der Alternativmedizin liegt inzwischen in der 21. (offenbar unveränderten) Auflage vor. Dahlke ist seit seiner Zusammenarbeit mit Dethlefsen ein Meister in der Übertragung von bildhafter Sprache auf Körper und Geist, auf der seine medizinische Methode beruht.

---

45 Mit Ausnahme von Gabriele Wittek, Gründerin der Sekte UL, die sich als urchristliche Glaubensgemeinschaft versteht und ihre Mitglieder auch finanziell ausbeutet. Jahre nach der Etablierung kam der Tierrechtsgedanke hinzu, es handelt sich also nicht um eine im Kern vegane Sekte, sondern um eine Sekte mit tierfreundlichem Anstrich. Die Außenwelt gilt als dämonisch, die Sekte schottet sich weitgehend von ihr ab. Der Psychologe Colin Goldner schätzt die Zahl der Anhängerinnen im deutschsprachigen Raum auf 10.000 bis 40.000, weltweit könnten es etwa 100.000 sein. UL-Aussteigerinnen berichten von einem »Klima der Angst und des Terrors« (Bistum Trier: »Universelles Leben«. In: bistum-trier.de, April 2010), Stand: 7.8.2019.
46 Hörbuchankündigung zu Ruediger Dahlke / Veit Lindau: *Omega. Im inneren Reichtum ankommen*. Arkana Audio, München 2017. In: amazon.de. (Der Arkana-Verlag ist auf esoterische Schriften spezialisiert und Teil der Random-House-Verlagsgruppe, in der der Großteil von Dahlkes Œvre erscheint.) Im 2017 erschienenen Buch *Vegan! Ist das ansteckend?* bezeichnet Dahlke sich sogar selbst als Auslöser der veganen Welle (S. 12).
47 Hamer behauptete, Krankheiten seien Ausdruck von »biologischen Konflikten«, die aus einem Schockerlebnis entstünden. Seien die Konflikte gelöst, verschwänden die Krankheitssymptome. Insbesondere Krebs meinte Hamer mit seiner Lehre heilen zu können. Chemotherapie hingegen sei eine Erfindung der jüdischen Schulmedizin, mittels derer Nicht-Jüdinnen getötet werden sollen. Hamers und seiner Schülerinnen angebliche Heilungserfolge haben, wie üblich in der Alternativmedizin, anekdotischen Charakter, verifizierbar ist nichts davon. Ein an Diabetes erkranktes vierjähriges Mädchen starb, nachdem die Eltern ihm auf Hamers Anweisung hin bewusst Insulin vorenthalten hatten. Weitere durch Hamers Therapie verursachte Todesfälle dokumentiert das Watchblog Psiram.
48 »Krankheit als Weg«. Interview mit Ruediger Dahlke. In: stardust-archiv.de, Stand: 25.12.2018.

Seit 40 Jahren verbreitet Dahlke seine Lehre und fügt ihr hin und wieder weitere Versatzstücke aus der alternativheilerischen Szene hinzu. Seit knapp zehn Jahren nutzt er mit zahlreichen Veröffentlichungen im Rahmen seiner Marke »Peace Food« auch den Vegan-Hype für sich. Im Kern ist er sich stets treu geblieben; pro forma lehnt er auch die eine oder andere Verwirrung wie etwa die wissenschaftlich tatsächlich unsinnige Blutgruppendiät ab. Dahlkes Strategie besteht aus mehreren Buchveröffentlichungen pro Jahr, Workshops, Vorträgen und Schulungen im eigenen Seminarzentrum in Österreich, Onlineseminaren und einem Onlineshop, über den er neben fragwürdigen »Heilmitteln« wie kolloidalem Silber eine Auswahl von rund 100 hochpreisigen Nahrungsergänzungsmitteln vertreibt.

In veganen Foren werben die zahlreichen Dahlke-Fans regelmäßig für dessen Ernährungsratgeber. Auf Kritik reagieren sie überwiegend abwehrend oder relativierend und mit Ablenkungsstrategien. Mehrere Dokumentarfilme und das »Veganmagazin« präsentierten den Esoterikarzt als kompetente Instanz zu gesundheitlichen Aspekten veganer Ernährung.[49] Und auf dem vielgelesenen Werbeblog »Deutschland is(s)t vegan« ist man »ganzheitlich begeistert« von Dahlkes Esoterikzentrum Tamanga in Österreich, wo das Eichenparkett mit »Schwingungen von Kraftplätzen informiert«[50] ist und man gegen angemessene Bezahlung das anstrengende Großstadtleben hinter sich lassen kann.

Dahlke hat großen Einfluss, vor allem unter gesundheitsorientierten Veganerinnen, doch auch bei Tierrechtsbewegten ist er beliebt. Um zu verdeutlichen, warum das Weltbild des äußerst charmant und redegewandt auftretenden Alternativmediziners problematisch ist, werde ich etwas ausholen müssen. Zunächst ein Blick zurück zu den Anfängen: Bereits in *Krankheit als Weg* offenbart sich Dahlkes Welt- und Menschenbild. Mitnichten sieht er in der Patientin »den ganzen Menschen«, wie die Alternativmedizin nicht müde wird zu behaupten, sondern schreibt seitenweise abschätzig über Menschen mit gesundheitlichen oder psychischen Problemen (»der Asthmatiker«, »die Magersüchtige« usw.), reduziert sie auf ihre Erkrankung und macht sich lustig über sie – bis hin zur zynischen Bemerkung, dass diese Menschen mit ihrer Lebensweise und -einstellung auf dem besten Weg zum Tod seien und

---

49 Vgl. »Hope for All. Unsere Nahrung, unsere Hoffnung« (Regie: Nina Messinger, Österreich 2016, Tiberius Film), »Im Namen der Tiere« (Regie: Sabine Kückelmann, Deutschland 2015, W-Film), »Veganmagazin« Dezember 2015/Januar 2016.
50 Ruediger Dahlke: »Tamanga-Vorstellungsfilm 2012«. In: youtube.com, 18.5.2012, Minute 1:28, Stand: 24.2.2019.

das wohl auch so wünschten, um endlich Aufmerksamkeit von ihrer Umgebung zu erhalten.

Dahlke widerspricht sich in seinem Standardwerk in einem zentralen Punkt selbst: Zunächst prangert er die Suche der Wissenschaft und Philosophie nach Kausalitäten an und betont, dass man von nichts mit Sicherheit ausgehen könne und nicht aus Korrelationen auf kausale Zusammenhänge schließen solle. Im Diagnoseteil des Buchs stellt er jedoch mit einer absolut gesetzten Gewissheit Behauptungen auf, die keine seriöse Medizinerin sich erlauben würde. So heißt es unter anderem, Migräne sei »*immer* eine in den Kopf geschobene Sexualität. Der Kopf wird zum Unterleib umfunktioniert. ... Der Migränepatient (häufiger sind es Patientinnen) hat *immer* Probleme mit der Sexualität.«[51] Weiter: »Schwangerschaftsprobleme zeigen *immer* eine Ablehnung des Kindes«,[52] und: »Hinter *allen* sexuellen Schwierigkeiten steht Angst.«[53]

Die apodiktischen Aussagen sind typisch für die Esoterikszene, sie verunmöglichen Abwägung oder Widerspruch. Einige weitere Auszüge aus *Krankheit als Weg* sollen die Struktur verdeutlichen, die Dahlkes Denken bestimmt. Elementar ist das sogenannte Polaritätsprinzip: »Das chinesische Yang beziehungsweise die Sonne sind Symbole für das *aktive, positive, männliche* Prinzip.« Demgegenüber umfasse das Yin- oder Mondprinzip »das *negative, weibliche, aufnehmende* Prinzip«.[54] Diese Binarität hat Dahlke sich nicht ausgedacht, sie ist leitmotivisch in der Esoterik. Die schematische Trennung reduziert und begrenzt reale Menschen auf ein biologisches Geschlecht und die ihm zugeschriebenen geschlechtstypischen Eigenschaften. Der Mann ist mit Attributen wie positiv und aktiv verbunden, während die Frau passiv und negativ ist. Das Ziel der Höherentwicklung des Menschen sei die Verschmelzung des weiblichen und des männlichen Prinzips zu einer androgynen Einheit; zuvor müsse aber jede und jeder erst einmal ganz Frau, ganz Mann werden. Solange es Emanzen und Schwule gibt, kann dies wohl nicht gelingen.

Dahlke umreißt sein Ideal von Weiblichkeit: »Hingabefähigkeit umschließt gleichzeitig den Verzicht auf aktives Tun. ... Das Wasser [als Entsprechung des Weiblichen] verzichtet auf eigene Formansprüche – es nimmt jede

---

51 Thorwald Dethlefsen / Ruediger Dahlke: *Krankheit als Weg. Deutung und Be-Deutung der Krankheitsbilder*, 21. Aufl. München 2015, S. 231 (Hervorhebungen: ML).
52 Ebd., S. 272 (Hervorhebung: ML).
53 Ebd., S. 278 (Hervorhebung: ML).
54 Ebd., S. 43 (Hervorhebungen: ML).

Form an. Es passt sich an, gibt sich hin.«[55] So will Dahlke die Frau: ohne eigene Form, anspruchslos, angepasst, passiv, ertragend, sich aufopfernd, hingebend und hinnehmend. Auch wenn er an manchen Stellen eine oberflächliche Verehrung des Weiblichen erkennen lässt, so scheint er dessen reale Vertreterinnen zu verachten. Zum Frausein gehört für ihn zentral die Mutterschaft. Dahlke diagnostiziert, ein Abort sei immer ein Zeichen dafür, »dass man das Kind wieder loswerden will«, es sei »eine unbewusste Abtreibung«.[56] Selbst Übelkeit in der Schwangerschaft ist für ihn ein sicheres Zeichen dafür, dass das entstehende Kind nicht gewollt ist. Das muss frau sacken lassen. Zehn bis zwanzig Prozent der gewollten Schwangerschaften enden mit einem Abgang des Embryos im ersten Schwangerschaftsdrittel (von Fehlgeburt spricht man erst ab der zwölften Schwangerschaftswoche). Der Doktor unterstellt Millionen Frauen weltweit, »unbewusst« abzutreiben.

Kindern, die nicht gestillt werden, fehle »der Hautkontakt zur Mutter. ... Wird ein Kind nicht gestillt, so zeigt dies die fehlende Bereitschaft der Mutter, das Kind zu nähren, zu schützen, für das Kind durch persönlichen Einsatz aufzukommen.«[57] Frauen, die nicht stillen können oder wollen, vermittelt dieser Anspruch, sie seien als Mütter unfähig und gescheitert, der Mutterschaft nicht würdig. Die Aufopferung für den Nachwuchs und die Reduktion der Frau auf die Rolle der Mutter, der Nährenden und Gebenden sind bestimmende Motive reaktionärer Familienpolitik.

Attraktives Sexualobjekt soll die Frau nach Dahlke jedoch auch ihr Leben lang sein und bleiben (wollen). Hitzewallungen während der Menopause seien »ein Versuch zu demonstrieren, dass mit dem Verlust der Regel nicht gleichzeitig das Frausein im sexuellen Sinne verloren geht – und so zeigt man, dass man noch von Hitze durchwallt wird und somit eine *heiße* Frau ist. Auch wiedereinsetzende häufige Blutungen sind der Versuch, Fruchtbarkeit und Jugend vorzutäuschen.«[58] Selbst Körperfunktionen sind für Dahlke also ausschließliches Mittel, die Aufmerksamkeit des Mannes auf sich zu ziehen. Die Frau selbst ist nichts, formlos und formbar wie Wasser; all ihr Wollen, ihr Sein, ihr Tun sind stets auf den Mann gerichtet.

In der Psychotherapie empfiehlt Dahlke brachiales Vorgehen: »Verklemmte Seelen lassen sich am besten nach der gleichen Methode wie Ge-

---

55 Ebd., S. 267.
56 Ebd., S. 272.
57 Ebd., S. 276.
58 Ebd., S. 277 (Hervorhebung im Original).

lenk und Wirbel wieder *zurechtrücken* oder *einrenken*. Sie müssen mit einem plötzlichen und kräftigen Ruck aus ihrer bisherigen Position gebracht werden«.[59] Das ist das Gegenteil dessen, wie eine verantwortungsbewusste Traumatherapeutin mit ihren Patientinnen arbeitet und sich im Tempo der Patientin dem traumatischen Erlebnis nähert. Dahlke ist der Ansicht, dass alles eingeebnet werden muss, bis brutale Harmonie entsteht, alles sei gleichwertig und sollte nicht bewertet werden, alles sei aus sich heraus und in sich gut. In Wirklichkeit gebe es »keine Umwelt ..., die uns prägt, formt, beeinflusst oder krank macht«.[60] Konsequent weitergedacht bedeutet das, dass Fememorde, Vergewaltigung, Kinderversklavung, plötzlicher Kindstod, Hunger, Strahlentod und Bürgerkrieg etwas Gutes sind.

Konsequent charakterisiert Dahlke in *Krankheit als Weg* auch die Immunschwächekrankheit Aids als psychosomatisch. Er bezeichnet sie ebenso wie Krebs als eine »Krankheit der Liebe«. Dahlke missfällt die »Entwicklung in der homosexuellen Szene« (und meint offenbar vornehmlich die schwule), deren weitverbreiteter und gelebter Standard wilde Partys seien, während derer mit zehn oder zwanzig Sexualpartnern an einem Wochenende kopuliert würde. »Aids zwingt letztlich zur Verantwortung, Rücksicht und Vorsicht dem anderen gegenüber – Themen, die gerade bei Aids-Patienten bisher zu kurz kamen.«[61] Die Frage drängt sich auf, ob Dahlke von der Vorstellung ausgelassener Sexorgien angezogen ist, diesen Trieb aber negieren und auf die von ihm als enthemmt und sorglos wahrgenommenen (männlichen) Homosexuellen übertragen muss, die seinem schematischen heteronormativen Prinzip gegenüberstehen.

Zusammenfassend lässt sich sagen, dass *Krankheit als Weg* Ressentiments, sexistische Zuschreibungen und reaktionäres Denken bedient. Die Lektüre weiterer Werke des Autors verfestigt diesen Eindruck, und auch im 2011 erschienenen Ernährungsratgeber und Bestseller *Peace Food* empfiehlt Dahlke nicht nur vegane Vollwertnahrung. Darin liest man, dass übergewichtige Menschen abstoßend seien. Männer mit dickem Bauch und Brüsten hätten »weibliche Figurentgleisungen«,[62] die der Arzt als »abartige Veränderungen«[63] empfindet. Beobachtet haben will der vegane Gesundheitsapostel dieses Phä-

---

59 Ebd., S. 302 (Hervorhebung im Original).
60 Ebd., S. 64.
61 Ebd., S. 368.
62 Ruediger Dahlke: *Peace Food. Wie der Verzicht auf Fleisch und Milch Körper und Seele heilt.* München 2011, S. 43.
63 Ebd., S. 270.

nomen insbesondere bei Männern, die viel Puten- und Hühnerbrustfleisch essen. Männer sollten wegen der enthaltenen Phytoöstrogene auch von Soja die Finger lassen, denn die Bohnen führten zu Verweiblichung. Ein Bekannter habe sich nach Verzicht auf Sojaprodukte sofort »wieder deutlich männlicher und damit auch angenehm durchsetzungsstärker nicht nur auf der Geschäftsebene«[64] gefühlt. Wie das ausgesehen haben mag, will frau sich nicht vorstellen. Männer wiederum, die eine vergrößerte Prostata haben, hätten ein Problem mit »seelischem Loslassen«, denn »Urin symbolisiert Seelenabwasser«.[65] Araber, die, wie jede weiß, alle einen Harem haben und diesen »bedienen« müssen, kennen dieses Problem gar nicht, schwärmt Dahlke. Ganz anders also als die wilden Party-Homosexuellen, die bloß gleichgeschlechtlichen Verkehr und keine Liebe treiben, sollen die verweiblichten westlichen Männer ihre Manneskraft neu entdecken und in »Liebesfesten« regelmäßig ihre Bettgespielinnen besteigen.

Der Gesundheitsberater scheut auch nicht vor einem unter Tierrechtlerinnen verbreiteten Vergewaltigungsvergleich[66] zurück: Die routinemäßige künstliche Befruchtung von Kühen käme einer Vergewaltigung gleich. Dass es sich lediglich um das (derzeit) wirtschaftlich effektivste Verfahren zur Gewinnung erwünschter Reproduktionsmaschinen mit ganz bestimmten genetischen Eigenschaften handelt und dass das nichts mit Machtdemonstration mittels sexueller Gewalt zu tun hat, blendet Dahlke ebenso aus wie die Tatsache, dass er mit seinem Vergleich Vergewaltigungsopfer degradiert, indem er sie als ebenso sprachlos wie Kühe imaginiert.

Die Schnittstelle zwischen esoterischer Welterklärung und Ernährungsideologie wird sichtbar an Dahlkes Behauptung, dass es zwischen Fleischkonsum und Angststörungen einen Zusammenhang gebe, denn »die Angst- und Stresshormone der Schlachttiere« würden Angst- und Panikattacken bei Menschen befördern. Diese seien »vor gut 30 Jahren bei insgesamt geringerem Fleischkonsum und vorzugsweise dezentralisierter Schlachtung in kleinen Metzgereien« unbekannt gewesen. Als Dahlke dies im August 2011 behauptet, lügt er. In den 1980er Jahren lag der Fleischkonsum der Deutschen mit etwa 66 Kilogramm pro Kopf und Jahr deutlich höher als heute.[67] Seit den 1990er Jahren nimmt er langsam, aber kontinuierlich ab und fiel 2017 erst-

---

64 Ebd., S. 43 f.
65 Ebd., S. 63.
66 Ebd., S. 138.
67 WWF Deutschland: »Fleisch frisst Land«. Berlin, September 2011, S. 16.

mals seit Ende der 1970er wieder unter die Marke von 60 Kilogramm, während die Produktions- und Exportzahlen steigen.[68] Der durchschnittliche jährliche Pro-Kopf-Verzehr in seiner Wahlheimat Österreich liegt laut Dahlke angeblich bei erstaunlichen 112 Kilogramm Fleisch. Erstens kennt Dahlke offenbar nicht den Unterschied zwischen Verbrauch und Verzehr, zweitens übertrifft die Zahl die Realität ums Doppelte. Der tatsächliche Fleisch*verzehr* in Österreich liegt seit rund 20 Jahren bei etwa 65 Kilogramm pro Kopf und Jahr.[69] Dahlke bastelt Kausalitäten, wo es noch nicht einmal Korrelationen gibt. Aber es geht ihm ja um nicht weniger als die Erlösung der gesamten Menschheit. Solange »jeder Esser von Fleisch aus Tierfabriken ... an einem inneren Bürgerkrieg«[70] leidet, wird das allerdings nichts.

»Mit dem Fleisch gequälter Kreaturen aus Tier-Zucht-Häusern bekommen wir auch deren Elend und die Energie der Folter mit ab, die sie erlitten haben auf ihrem oft entsetzlichen Weg bis in menschliche Bäuche. Von dort gelangen all diese Energien ins Fleisch der Esser.«[71] Zusätzlich gingen die »lebensförderlichen« Gedanken der Köchin während der Zubereitung in eine Mahlzeit ein. Nahrungsmittel hätten außerdem bestimmte gute oder schlechte Schwingungen, die es zu nutzen oder zu meiden gelte; Rohkost sei jeder anderen Nahrung vorzuziehen, und als Ziel könne man sich die vollkommene Loslösung von materieller Kost setzen und nur noch von Sonnenlicht leben.[72] Außerdem könnten Veganerinnen den »Vorteil einer ansprechend schlanken Figur, einer gesunden Ausstrahlung und ... ebensolchen Aussehens«[73] für sich verbuchen.

Umrankt ist das Ganze von der naiven Vorstellung einer paradiesischen Lebens- und Erfahrungswelt, die die Besseresserinnen erwartet: »Nicht nur wilde Tiere spüren, wie wenig Gefahr von vegan lebenden Menschen ausgeht, auch empfindsame Menschen nehmen das wahr. Tiere werden zutraulich,

---

68 »Fleischkonsum: Deutsche essen immer weniger«. In: fleischwirtschaft.de, 25.3.2018, Stand: 2.1.2019; Albert-Schweitzer-Stiftung: »Fleisch-Verzehr in Deutschland sinkt«. 16.6.2017, Stand: 2.1.2019.
69 Statistik Austria: »Pro-Kopf-Verbrauch 2017«. In: amainfo.at, Stand: 2.1.2019.
70 Dahlke: *Peace Food*, S. 172.
71 Ruediger Dahlke: »Peace Food. Wie Verzicht auf Fleisch und Milch Körper und Seele heilt«. In: dahlke.at, Stand: 25.12.2018.
72 Sogenannte Lichtnahrung, bei der weder feste noch flüssige Nahrung, auch kein Wasser, zu sich genommen wird, was Dahlke selbst über mehrere Wochen praktiziert haben will. Eine gesunde Erwachsene kann so eine körperliche Tortur bei guten Umweltbedingungen etwa zehn Tage überleben; eine Schädigung der Nieren ist dabei sehr wahrscheinlich. Bei andauernder Dehydration tritt der Tod etwa durch Herzinfarkt oder Organversagen mit innerer Vergiftung ein. Siehe Felicia Hargarten / Marcus Meurer: »Dr. Ruediger Dahlke über 9/11, LSD, Impfungen und den Wandel in der heutigen Welt«. In: youtube.com, 30.6.2018, Stand: 5.1.2019.
73 Dahlke: *Peace Food*, S. 269.

Menschen begegnen einem offener und vertrauensvoller.«[74] In der Vorstellung, von Schmetterlingen umschwirrt und gemeinsam mit Eichhörnchen meditierend im Wald zu sitzen, scheint ein tiefes, unbefriedigtes Bedürfnis Dahlkes zu schlummern.[75] Auch dieses Bild wiederholt er später. In seinem 2017 erschienenen Buch *Vegan! Ist das ansteckend?* spricht er von »mystischen Erfahrungen von Langzeitveganern«. »Das sind berührende Momente großer Freude. Wir fühlen uns dann eins mit der Schöpfung und als ihr integraler Teil.«[76] Nach jahrelanger Befolgung der veganen Speisegesetze darf man also die Erlösung in Form eines Einswerdens mit der Natur erwarten. Sowohl Dahlkes Bild vom Tier als auch sein Naturbegriff sind geprägt von extremem Harmoniebedürfnis. Wer das Tier (und damit die Umwelt/Natur) schont, darf auf Belohnung in Form einer besonderen spirituellen Erfahrung und einer Höherentwicklung des Selbst hoffen.

Diese Melange ist gefährlich. Denn wer glaubt, dass die »Energie« eines Wesens in ein anderes durch Verspeisen übergehen könne, ist womöglich auch offen für die Idee, dass ominöse Erdstrahlen etwas mit der Krebserkrankung zu tun haben. Und den Krebs hat man laut Dahlkes Bestseller *Krankheit als Symbol* ohnehin selbst verschuldet. In einem Video erklärt er, dass Bronchialkarzinome nicht auf Zigarettenkonsum zurückzuführen seien, sondern auf mangelnde Selbstverwirklichung der Erkrankten.[77] Ein weiteres Beispiel für seine Diagnostik sind Krebsgeschwüre im Enddarm. Die seien ein Zeichen dafür, dass »wir über Haben und Sein uns klarwerden. Da geht's ums Loslassen von Materie. Das wäre so die Verbindung Verstopfung und Geiz.« Und die Lösung: »Wir müssen lernen, unseren Besitz zu besitzen, statt besessen von ihm zu sein.« Am Schluss des Videos empfiehlt der Pseudomediziner vegane Ernährung gegen Krebs. Dies alles wiederholt Dahlke beständig in Vorträgen, Büchern, Interviews. Die fortgesetzte Wiederholung der Glaubensinhalte – denn wissenschaftlich belegen lässt sich kaum eine der Aussagen – verfestigt sie bei den Anhängerinnen. Von der Gesellschaft zur wissenschaftlichen Untersuchung von Parawissenschaften (GWUP) erhielt Dahlke 2013 den Schmähpreis *Das Goldene Brett* für sein Lebenswerk.

---

74 Dahlke: »Peace Food«.
75 Nicht nur Dahlkes übrigens. Kitschige Szenen vom Dasein »im Einklang mit der Natur« sind ein weitverbreitetes esoterisches Motiv und offenbar ein kollektiver Sehnsuchtsort.
76 Ruediger Dahlke: *Vegan! Ist das ansteckend?* Königsfurt-Urania, Krummwisch bei Kiel 2017, S. 62.
77 Ruediger Dahlke: »Gesund mit Dahlke (9): Krebs. Krankheit als Symbol«. In: Mystica TV, 1.7.2012, Stand: 2.1.2019.

Dahlke ist Anhänger der Reinkarnationstherapie, die er von Dethlefsen gelernt hat und für Victim Blaming nutzt. Missbrauchte Kinder, die in einer früheren Inkarnation schlechtes Karma angesammelt hätten, würden dafür in ihrem jetzigen Leben bestraft. Er verharmlost es als »Missverständnis«,[78] wenn männliche Sexualität sich »auf Kinder stürzt«: »Das ist natürlich eine ganz unreife Form, der traut sich nicht an eine erwachsene Frau dran und landet dann zielsicher bei einem unschuldigen Kind, wie wir so gerne sagen.« Diese »unschuldige Seele« gebe es jedoch »aus der Sicht der esoterischen Philosophie« gar nicht. »Aus 20 Jahren Reinkarnationstherapie« habe er die Erkenntnis gewonnen, dass »die Menschen, ... die in Opferrollen gekommen sind und darunter auch [leiden], ... in der Therapie eine Stimmigkeit und einen Zusammenhang mit ihrer Lebensgeschichte und ihrer Herkunft finden können, also bezogen auf ihre früheren Leben.« Dahlke redet seinen Patientinnen also seit inzwischen fast 30 Jahren ein, dass sie sich nicht anstellen sollen, da doch alles im Leben seinen Sinn hat und sie ihre Lebensaufgabe annehmen müssen, denn die hätten sie zuvor ja freiwillig gewählt. Indem sie Karma-Schuld aus früheren Inkarnationen abtrügen, entwickelte sich schließlich ihr Selbst weiter.

Missbrauchsopfer beschreiben häufig das Gefühl, beschmutzt worden zu sein und einen starken Drang zu verspüren, das Schmutzige abzuwaschen, loszuwerden. Der Wunsch, wieder sauber, rein, heil zu werden, kann sich in einer Hinwendung zur Esoterik und ihrer propagierten Reinigungswirkung von Körper und Geist manifestieren. Der Reinkarnationsglaube gibt der Gewalterfahrung zudem einen höheren Sinn. Die Psychologin Heike Dierbach referiert in ihrem Buch *Die Seelenpfuscher* eine Studie des Duke Medical Center in Durham (North Carolina) aus dem Jahr 2005, die zu dem Ergebnis kam, »dass der Reinkarnationsglaube eher assoziiert war mit einer schlechteren Verfassung und mit traumatischen Erfahrungen wie Missbrauch, Vergewaltigung oder dem gewaltsamen Tod eines Familienmitglieds. Die Forscher stellen fest: ›Der Glaube an Karma und Reinkarnation könnte ein Versuch sein, traumatische Erfahrungen zu bewältigen.‹«[79]

Oft sind es psychisch instabile Menschen, die Hilfe suchen und auch dringend Hilfe benötigen, die zu Opfern von Scharlatanen wie Ruediger Dahlke werden. Dierbach dokumentiert auch Todesfälle durch Suizid, die auf sol-

---

78 Alle folgenden Zitate aus: Krankheit als Weg. Interview mit Ruediger Dahlke, a. a. O.
79 Heike Dierbach: *Die Seelenpfuscher. Pseudo-Therapien, die krank machen.* Reinbek bei Hamburg 2009, S. 132.

che Reinkarnationsbehandlungen zurückzuführen sind. Es handelt sich eben nicht um eine sanfte Alternative zu universitätsmedizinischen Therapien. Einige Reinkarnationstherapeutinnen behaupten sogar, Jüdinnen hätten den Holocaust selbst zu verantworten, denn sie müssten in früheren Leben entsetzliche Taten verübt haben, um mit dieser karmischen Strafe dafür zu büßen.[80] Gabriele Wittek, die Gründerin und »Prophetin« der Tierrechtssekte Universelles Leben, schreibt in ihrem Buch *Das ist mein Wort*: »Seit nahezu 2000 Jahren ernten die Juden von einer Fleischwerdung zur anderen, was sie damals und auch in ihren weiteren Einverleibungen gesät haben – bis sie ihren Erlöser an- und aufnehmen und das bereuen, was sie verursacht haben.«[81]

Dahlke ist außerdem Anhänger und Multiplikator von Verschwörungstheorien. In einem im Juli 2014 auf Thomas Schmelzers Youtube-Kanal Mystica TV veröffentlichten »Aufruf zum Aufwachen«,[82] der mittlerweile über 300.000 Klicks generiert hat, spricht er über die angebliche Chemtrail-Verschwörung[83] und fragt: »Was ist da los an unserem Himmel?« Er wiederholt Verschwörungsphrasen: »Die WHO macht Politik für Konzerne«, die Menschen sollten »wachbleiben« und »aufwachen«. Auf seiner reichweitenstarken Facebook-Seite wirbt er für den Onlineverschwörungskanal KenFM von Ken Jebsen, der voll mit antisemitischen Inhalten ist. Dieser sei eine »ideale Ergänzung zu den immer öder werdenden Mainstream-Talkshows«.[84] Im September 2016 teilte er einen Artikel des FPÖ-nahen »Wochenblick«, in dem von einem immensen Anstieg der Kriminalitätsrate durch Migrantinnen in Linz berichtet wurde.[85] Panikmache mit zurechtgebogenen und bewusst falsch interpretierten Zahlen ist eine beliebte Strategie von Rechten. Menschen mit deutschem (oder in diesem Fall: österreichischem) Pass können sich diverser Delikte wie etwa Verstößen gegen Aufenthaltsbestimmungen gar nicht schuldig machen. Selbst wenn solche Meldungen nachträglich richtiggestellt

---

80 Ausführlich dazu: ebd., S. 123–136, und dies.: »Des Karmas willige Vollstrecker«. In: »konkret« 3/2013, S. 48 f.
81 Gabriele Wittek: *Das ist mein Wort. Alpha und Omega. Das Evangelium Jesu.* Das-Wort-Verlag, 4. Aufl., Marktheidenfeld 2004, S. 734.
82 Mystica TV: »Aufruf zum Aufwachen«. 11.7.2014, Stand 21.5.2019.
83 Diese behauptet, Kondensstreifen von Flugzeugen seien in Wirklichkeit »Chemtrails« (sprich: Kämmträils, ein Kunstwort aus den englischen Begriffen *chemicals* und *contrails*), die Stoffe wie Aluminium und Barium enthielten und die Bevölkerung vergiften und/oder dezimieren sollen. Im Kern folgt sie, wie nahezu alle Verschwörungstheorien, einem antisemitischen Narrativ. Brunnenvergiftung heißt jetzt Chemtrails.
84 Ruediger Dahlke: »Interessante neue Talkshow«. In: facebook.com/ruedigerdahlke, 13.11.2016, Stand: 17.12.2018.
85 Ruediger Dahlke: »Wer hätte das gedacht?« In: facebook.com/ruedigerdahlke, 10.9.2016, Stand: 22.12.2018.

werden, bleibt bei vielen Leserinnen hängen: Flüchtlinge sind kriminell – und deshalb: Ausländer raus! Dahlke meint, dass das »Verschweigen der Probleme mit Migranten ... die Probleme nur immer größer und diejenigen immer stärker [macht], die sie ansprechen«.[86] In der Kommentarspalte überwiegt die Zustimmung zu Dahlkes ausländerfeindlicher Propaganda. Das Postulat »Überall, wo wir Grenzen setzen, lieben wir nicht – überall, wo wir hereinlassen, lieben wir«[87] aus *Krankheit als Weg* war offenbar doch nicht so gemeint.

Bei Ruediger Dahlke wird exemplarisch ein Grundsatzdogma der Esoterik deutlich: Alles ist vorherbestimmt, man muss sich dieser Bestimmung demütig fügen, und die Möglichkeit zur Veränderung besteht allein in der eigenen Sichtweise auf die Dinge. Damit sind Emanzipation und die Veränderung gesellschaftlicher Verhältnisse von vornherein ausgeschlossen. Esoterik ist, so der Sozialpsychologe Klaus Ottomeyer, »eine reflexhafte Reaktion zur Abwehr von Entfremdung und Selbstentfremdung«.[88] Das betrifft nicht nur private Beziehungs- und sonstige Schwierigkeiten, sondern insbesondere die von Entfremdung geprägte Arbeitswelt, die das esoterische Credo perfekt zu legitimieren versteht: immer weitermachen, leistungsfähig werden und bleiben, sich mit den Widrigkeiten, Unwägbarkeiten und Unsicherheiten arrangieren und Erklärungen für Fehler, Nichtgelingen, Unzufriedenheit usw. ausschließlich bei sich selbst beziehungsweise in früheren Inkarnationen suchen. Das ist der perfekte Arbeitsmensch, der nicht gegen ungleiche Bezahlung, Mobbing und sexuelle Belästigung am Arbeitsplatz protestiert, sich nicht mit anderen solidarisiert, denn erstens ist ja alles vorherbestimmt, und zweitens ist jede allein für sich und ihr Wohlergehen zuständig. Esoterik ist eine ätzende Religion, die patriarchale Hierarchien im familiären und beruflichen Umfeld festigt und legitimiert. Der Erziehungswissenschaftler Merlin Wolf ergänzt: »Je instrumenteller der Umgang mit dem eigenen entfremdeten Ich unter dem Primat der ständigen Selbstoptimierung, desto größer wird die Sehnsucht nach Versöhnung und Sinnsuche. Das ständige Neuerfinden des Ichs als Marke im kapitalistischen Prozess sucht auch in spiritueller Hinsicht nach neuen Angeboten.«[89]

---

86 Ebd.
87 Dethlefsen / Dahlke: *Krankheit als Weg*, S. 160.
88 Zitiert nach: Claudia Barth: »Esoterik. Die Suche nach dem Selbst«. In: youtube.com, 26.6.2014, Stand: 27.12.2018, Minute 6:40.
89 Merlin Wolf (Hg.): *Zur Kritik irrationaler Weltanschauungen. Religion – Esoterik – Verschwörungstheorie – Antisemitismus.* Aschaffenburg 2015, S. 7 f.

Esoterik bietet Lösungen für vermeintlich individuelle Probleme ohne einen Blick auf die gesellschaftlichen Bedingungen, denen die Individuen unterworfen sind. Sie dockt, ähnlich wie Verschwörungstheorien, an (Zukunfts-)Ängste und Unsicherheiten von Menschen an und bietet einfache, oft monokausale Erklärungen und Auswege aus dem kranken System, sie verspricht Sinngebung in einem als sinnlos empfundenen (Arbeits-)Leben. Thomas Kunkel bezeichnet Esoterik als »das religiöse Hintergrundrauschen bürgerlicher Schichten in kapitalistischen Krisenepochen«.[90] Da die kapitalistische Gesellschaft für das Individuum eine andauernde Krisensituation bedeutet (Kapitalakkumulation durch beständigen Abbau von Arbeitsplätzen, daraus resultierend andauernde Existenz- und Abstiegsangst usw.), kann die Esoterik die angesprochenen Ängste jederzeit aktivieren und bedienen. Sie arbeitet konservativer und reaktionärer Politik zu, indem sie einen Rückzug ins Innere und Private propagiert und emanzipatorisches, gesellschaftskritisches Handeln untergräbt.

Esoterik beginnt mit der Regenbogenbrücke, über die die geliebten Vierbeinerinnen in den Tierhimmel wandern, und endet bei Reinkarnationstherapeutinnen, die behaupten, die Jüdinnen wären selbst an ihrer Vernichtung schuld gewesen. Irrational ist beides. Sinnstiftend allerdings auch, und deshalb ist dieses Glaubenssystem so gefährlich.

---

90 Thomas Kunkel: »Esoterik in Zucker«. In: »Jungle World« 11/16, 17.3.2016.

3. Rechte für Tiere

Good Night Human Pride[91]

Zur Problematik des Antispeziesismuskonzepts

In der Tierrechtsdebatte begegnet einer fast zwangsläufig der Begriff Antispeziesismus. Er ist konstitutiv für das Selbstverständnis der veganen Tierrechts- und Tierbefreiungsszene und ohne die Erwähnung des australischen Moralphilosophen Peter Singer schwer denkbar. Auch wenn der den Begriff Speziesismus und dessen Gegenbegriff Antispeziesismus nicht erfunden hat, so hat er beide doch mit seinen Longsellern *Animal Liberation. Die Befreiung der Tiere* und *Praktische Ethik* in Diskussionen über das Mensch-Tier-Verhältnis fest etabliert. Die dritte, überarbeitete Auflage der *Praktischen Ethik* bewirbt der Verlag ausdrücklich mit dem Hinweis auf Singers Bedeutung für die Debatte. Das Buch führt die Amazon-Bestsellerliste im Bereich Ethik an. Der Wikipedia-Artikel zum Thema Speziesismus, vermutlich für viele eine erste Informationsquelle, nimmt umfassend Bezug auf Singer. Seit 2015 wird der mit 10.000 Euro dotierte Peter-Singer-Preis für Strategien zur Tierleidminderung verliehen. Singer ist für die Tierrechtsdebatte relevant, auch wenn manche Aktivistinnen das Gegenteil behaupten.

Der Begriff Speziesismus stammt von dem britischen Psychologen Richard Ryder, der ihn 1970 gebrauchte, um einen auf dem Anthropozentrismus beruhenden Spieszentrismus zu kennzeichnen. Speziesismus lässt sich etwa mit Artenarroganz übersetzen. Speziesistinnen diskriminieren Tiere aufgrund ihrer Zugehörigkeit zu einer fremden Spezies, setzen ihre eigenen Interessen immer an die erste Stelle und messen tierischem Leben keinen inhärenten Wert bei. Ryder sah hingegen die Leidensfähigkeit von Lebewesen als entscheidendes Kriterium dafür an, sie moralisch zu berücksichtigen. Ryder, der bei seiner Arbeit selbst Tierversuche durchgeführt hatte, stellte diese ein, nachdem er deren moralische Fragwürdigkeit erkannt hatte. Anders als Ryder ist Singer Utilitarist. Was das bedeutet und was Tiere mit dem »Euthanasie«-Diskurs zu tun haben, werde ich im Folgenden ausführen.

Laut überwiegend übereinstimmender Auffassung in der Tierrechtsszene soll Speziesismus in einer Reihe stehen insbesondere mit Rassismus

---

[91] Beliebtes Motto unter »unpolitischen« Antispeziesistinnen.

und Sexismus und wird häufig mit beidem oder einem davon argumentativ verschränkt; manche Tierrechtlerinnen verwenden etwa synonym zu Speziesismus die Formulierung »Rassismus gegen Tiere«.[92] Zu diesen bereits nicht deckungsgleichen und in ihrer Dynamik durchaus unterschiedlichen Diskriminierungen noch den Speziesismus zu stellen, ist ehrgeizig. »Die Rassisten verletzen das Prinzip der Gleichheit«, da sie »die Interessen der Mitglieder ihrer eigenen Rasse stärker gewichten«,[93] meint Peter Singer. Was den Sexismus betrifft, tauscht er einfach »Rassisten« gegen »Sexisten« und »Rasse« gegen »Geschlecht« aus. So verfährt er anschließend mit den »Speziesisten« und der »Spezies«. »Das Muster ist in jedem dieser Fälle dasselbe.«[94] Die Diskriminierung aufgrund der Spezies beruhe analog zu »Rasse« und Geschlecht ausschließlich auf Vorurteilen, die es zu überwinden gelte.

Singers Definitionen sind defizitär und irreführend. »Rasse« ist ein biologisches Konstrukt; Singer hält es jedoch nicht für ausgeschlossen, dass es so etwas wie »Rasseeigenschaften« tatsächlich geben könnte. Ob Singer glaubt, dass »Menschenrassen« existieren, erforderte eine Antwort auf die Frage, was er eigentlich unter »Rasse« verstehe, die er jedoch schuldig bleibt. Anzunehmen ist, dass in der deutschen Ausgabe das englische Wort *race* schlichtweg mit »Rasse« übersetzt wurde. Die Begriffsgeschichten dieser Wörter sind jedoch unterschiedlich, und insbesondere in den USA wird aus historischen Gründen anders über *race* diskutiert als hierzulande über »Rasse«. Kämpfe gegen rassistische Diskriminierung und gegen soziale Ungleichheit sowie ein positiver Bezug auf die eigene ethnische Herkunft sind eng mit dem Begriff *race* verbunden und haben ihren Ursprung in der Geschichte der Sklaverei. Diese erklärungsbedürftige Begriffsproblematik lässt Singers deutscher Verlag auch 30 Jahre nach der deutschen Erstveröffentlichung in der aktuellen, »vollständig durchgesehenen« Auflage unkommentiert.

Gegen die Gleichsetzung verschiedener Unterdrückungsformen gilt es die Unterschiede aufzuspüren und in eine reflektierte Analyse einzubeziehen. Die Gesellschaftswissenschaftlerin Helma Lutz sieht diese insbesondere in den Auseinandersetzungen über kulturelle Differenzen, denn »im Gegensatz zu ethnischen und kulturellen Gruppen können Frauen nicht als

---

[92] Sezgin zum Beispiel zitiert eine Veganerin mit diesen Worten. Vgl. Sezgin: *Artgerecht ist nur die Freiheit*, S. 17.
[93] Peter Singer: *Animal Liberation. Die Befreiung der Tiere*. Reinbek bei Hamburg 1996, S. 38.
[94] Ebd.

eine natürliche *kulturelle Gemeinschaft* dargestellt werden«.[95] Ferner betont Lutz, dass Sexismus sich vornehmlich »auf genetische Differenzen zwischen Mann und Frau« stützt und »daraus den sozialen Unterschied« konstruiert, während Rassismus heutzutage »kollektive kulturelle Unterschiede zwischen Gruppen« hervorhebe. »Darum können auch innerhalb der *kulturellen Gemeinschaften* jeweils wieder die Geschlechterunterschiede betont werden.«[96]

Dass es über einen genetisch fixierten Rassismus hinaus einen kulturellen Rassismus gibt, kommt bei Singer gar nicht vor. Warum Männer Frauen unterdrücken, mit welchen Mitteln das geschieht, dass dies institutionalisiert ist oder dass weiße Frauen und Women of Color unterschiedlichen Formen von Unterdrückung ausgesetzt sein können und weiße Frauen nicht selten von der Ausbeutung Schwarzer profitier(t)en – auch dazu liest man bei Singer nichts. Sein Desinteresse in Bezug auf Diskriminierungsformen, unter denen Menschen leiden und durch die sie Schaden nehmen, ist auffällig.

Speziesismus gilt Singer, ähnlich wie Ryder, als »ein Vorurteil oder eine Haltung der Voreingenommenheit zugunsten der Interessen der Mitglieder der eigenen Spezies und gegen die Interessen der Mitglieder anderer Spezies«.[97] Interessen haben könne ein Lebewesen, sofern es die Fähigkeit besitzt, Freude und Leiden zu empfinden. Insbesondere das Interesse, nicht zu leiden und keine Schmerzen zu empfinden, ist für Singers Herangehensweise zentral. In *Animal Liberation* zählt der Philosoph auf fast 100 Seiten entsetzliche Tierversuchsanordnungen auf, die tatsächlich nichts als sinnloses Leiden, furchtbare Schmerzen und praktisch keinen Erkenntnisgewinn produzieren. Singer stellt an dieser Stelle durchaus vernünftige, wenn auch keine radikalen Forderungen. Etwa die, Tierversuche auf ein absolutes Minimum zu beschränken, Ethikkommissionen über deren Nutzen entscheiden zu lassen und verstärkt in tierversuchsfreie Methoden und deren Weiterentwicklung zu investieren. Geboten wäre, meint etwa Jutta Ditfurth, die Abschaffung von Tierversuchen, da deren Übertragbarkeit und Nutzen höchst fraglich seien.[98] Warum werden überhaupt Tierversuche durchgeführt? Weil sich eine Menge Geld mit ihnen verdienen lässt und eine riesige Industrie

---

95 Helma Lutz: »Rassismus und Sexismus. Unterschiede und Gemeinsamkeiten«. In: Andreas Foitzik / Rudolf Leiprecht / Athanasios Marvakis / Uwe Seid (Hg.): *»Ein Herrenvolk von Untertanen«. Rassismus – Nationalismus – Sexismus*. Duisburg 1992, zitiert nach: diss-duisburg.de/Internetbibliothek (ohne Seitenangaben; Hervorhebung im Original).
96 Ebd. (Hervorhebung im Original).
97 Singer: *Animal Liberation*, S. 35.
98 Vgl. Ditfurth: *Entspannt in die Barbarei*, S. 168.

(Pharmaunternehmen, Gentechnikfirmen, Zuchtbetriebe, Experimentatorinnen, Herstellerinnen von Desinfektionsmitteln, Käfigen, Zwangsmitteln und viele mehr) finanziell von ihnen profitiert. Sie müssen keinen Nutzen für Menschen haben, sondern fürs Kapital. In einem Satz erwähnt Singer diesen wichtigen Punkt, geht allerdings nicht näher darauf ein. Freilich mussten Tiere bereits in vorkapitalistischen Gesellschaften leiden, Menschen beuteten ihre Arbeits- und biologische Reproduktionskraft aus, und eine sozialistische Gesellschaft allein garantiert nicht, dass das Mensch-Tier-Verhältnis frei von Ausbeutung ist. Der Kapitalismus zeichnet sich jedoch gegenüber allen anderen Wirtschaftssystemen dadurch aus, dass er alles zur Ware macht, seien es Ideen, Arbeitskraft oder fühlende Lebewesen, mit dem Ziel, aus Geld mehr Geld zu machen. Diesem Verwertungszwang ist alles unterworfen – Menschen, Tiere, Umwelt, belebte und unbelebte Natur. Ob dabei jemand zu Schaden kommt, spielt keine Rolle, solange der Profit stimmt. Singer erklärt das Leiden von Tieren jedoch ausschließlich mit dem Speziesismus.

Der Leidensaspekt ist ein äußerst kritischer Punkt in Singers Philosophie. »Ist ein Wesen nicht in der Lage zu leiden oder Freude beziehungsweise Glück zu erfahren, dann gibt es auch nichts zu berücksichtigen.«[99] Dieser Gedanke zieht sich leitmotivisch durch Singers Werk. In der 1979 erschienenen *Praktischen Ethik* vertieft er ihn. Der sogenannte Präferenzutilitarismus, den Singer in die Moralphilosophie eingeführt hat, scheint bereits in *Animal Liberation* auf. Darunter ist eine Form des Nützlichkeitsdenkens zu verstehen, die solche Handlungen als gut einstuft, deren Konsequenzen den Interessen (Präferenzen) einer möglichst großen Anzahl von Lebewesen (unabhängig von ihrer Spezies) dienlich sind. Ein Beispiel führt Singer in *Animal Liberation* an: »Ich glaube nicht, dass es niemals gerechtfertigt sein könnte, einen hirngeschädigten Menschen für einen Versuch zu verwenden. Wenn es wirklich möglich wäre, mehrere Leben durch einen Versuch zu retten, der nur ein Leben kosten würde, ... dann wäre es richtig, den Versuch durchzuführen.«[100] Verwenden, durchführen – die neutralen, technischen Begriffe beschreiben mechanische Vorgänge und verschleiern, dass es hier um Menschenleben geht. Übrigens benutzen Forscherinnen in ihren Tierversuchsstudien ebenfalls solches Vokabular, um sich so weit wie möglich davon zu distanzieren, dass sie es mit empfindungsfähigen Lebewesen zu tun haben. Das von Singer

---

99 Singer: *Animal Liberation*, S. 37 f.
100 Ebd., S. 142.

vorgestellte Prinzip, das der »Euthanasie« von »unwertem« Lebens das Wort redet, wird auch als ökonomischer Utilitarismus bezeichnet.

Indem Singer auf die Leidensfähigkeit fokussiert, negiere er »Hoffnungen, Wünsche, Utopien, menschliches Miteinander, Selbstorganisation, das kollektive In-die-Hand-Nehmen der eigenen Geschichte«, schreibt das Kollektiv AK Gibraltar aus Hannover.[101] Die Autorinnen kritisieren Singers »instrumentelle Vernunft, die Kälte, gegen die die Kritische Theorie schrieb«. Die ja ebenfalls denkbare Schlussfolgerung, das Tötungsverbot universell in einem weiten Rahmen und soweit möglich auch auf Tiere anzuwenden, verwirft Singer in der *Praktischen Ethik* mit seinem Konzept der Personen/Nichtpersonen, dessen Kern darin besteht, »wertvolles« und »weniger wertvolles« Leben voneinander zu scheiden. Unmissverständlich schreibt der Philosophieprofessor: »Die Tötung eines behinderten Säuglings ist nicht moralisch gleichbedeutend mit der Tötung einer Person. Sehr oft ist sie überhaupt kein Unrecht.«[102]

Vögel und Fische, Kleinkinder und geistig behinderte Menschen gehören für Singer zur Kategorie der »Nichtpersonen«.[103] Diese grenzt er ab von »normalen« Erwachsenen, die, solange sie nicht dement werden, einen schweren Unfall erleiden oder anderweitig nicht mehr als »normal« bezeichnet werden können, als »Personen« gelten. Sie seien »rationale Wesen«, die sich ihrer selbst als einer distinkten Einheit in der Zeit bewusst sind und einen Begriff von (ihrer eigenen) Zukunft haben. Die Vorstellung vom eigenen In-der-Zeit-Sein sei »die notwendige Bedingung für den Besitz eines ernstzunehmenden Rechts auf Leben«.[104] Einige Säugetiere, etwa Hunde und Schimpansen, zählt Singer nach dieser willkürlichen Einteilung ebenfalls zu den Personen. Er ist überzeugt, dass es »starke Gründe« dafür gebe, »das Leben von Personen über das von Nichtpersonen zu stellen«.[105] Daraus folge, dass »die Tötung eines Schimpansen schlimmer ist als die Tötung eines schwer geistesgestörten Menschen, der keine Person ist«.[106]

---

101 AK Gibraltar: »Da steht ein Pferd aufm Flur. Warum Antispeziesismus kein harmloser Schlager ist«. In: gibraltar.blogsport.de, 24.7.2008, Stand: 12.10.2019.
102 Peter Singer: *Praktische Ethik*. Stuttgart 1984, S. 188. (Die Stelle wurde in exakt gleichem Wortlaut in die aktuelle dritte Auflage übernommen.)
103 Vgl. ebd., S. 106, 111.
104 Ebd., S. 115.
105 Ebd., S. 135.
106 Ebd. Im Wortlaut abgewandelt, jedoch inhaltlich identisch liest man dies weiterhin in der aktuellen Auflage der *Praktischen Ethik*. Vgl. Peter Singer: *Praktische Ethik*, 3. Aufl., Stuttgart 2013, S. 186. An späterer Stelle wurde der Satz »das Leben eines Neugeborenen hat also weniger Wert als das Leben eines Schweins, eines Hundes oder eines Schimpansen« ersatzlos gestrichen. (Siehe Singer: *Praktische Ethik*, 1. Aufl., S. 169.)

Die Maximierung des »gesamtgesellschaftlichen Glücks« ist Singers Ziel.[107] Folge seiner Kosten-Nutzen-Rechnung mittels einer so abstrakten Kategorie wie Glück, die, wie er selbst zugibt, nicht besonders klar umrissen ist und die er an keiner Stelle genauer definiert, ist die Entfernung der »Unglücklichen« aus der Gesellschaft. Ein Leben soll sich »lohnen«. Der Politikwissenschaftler Peter Bierl erklärt dazu: »Dass er eine ökonomische Kategorie wie Lohnen einführt, ist kein Zufall, ... weil Kindstötung für Singer eine wirtschaftliche Frage ist.«[108] Bierl kennzeichnet diese Aufrechnung als »buchhalterisches Kalkül«. Leben sind für Singer austauschbar, wobei die Einteilung in Glückliche und Unglückliche willkürlich geschieht. Laut Bierl ist der Ethikprofessor »jemand, der Menschen nach ihrer Verwertbarkeit sortiert – als Arbeitskräfte und Konsumenten, als lebende Ersatzteillager für Körperteile und Organe oder Gewebe, als Objekte für die genetische Manipulation, bis hin zur Ausgrenzung sogenannter ›Überflüssiger‹, die der Gesellschaft auf dem Geldbeutel liegen«.[109]

Für Singer sind es Diagnosen wie Down-Syndrom oder die sogenannte Bluterkrankheit, die die Hoffnung auf ein glückliches Leben zerstören könnten. Gesundheit bedeutet bei ihm genetische, physische und psychische »Normalität«. Indem der Utilitarist Menschen auf Erbgut, Krankheiten, körperliche oder geistige Beeinträchtigungen reduziert, ebnet er den Weg zu ihrer straflosen Ermordung.

Auch wenn in späteren Auflagen der *Praktischen Ethik* einige Formulierungen sprachlich entschärft worden sind, bleibt der menschenverachtende Kern erhalten. So wurde in den Kapitelüberschriften »Töten« zu »Leben nehmen«, Menschen mit Down-Syndrom gelten Singer nicht mehr als »schwer zurückgeblieben«, sondern nur noch als »geistig behindert«.[110] In der dritten Auflage ringt er sich zu der Feststellung durch, dass manche körperlich oder geistig eingeschränkte Menschen »ein Leben von erstaunlicher Fülle und Andersartigkeit führen« können.[111] Hier und da ist »Rasse« durch »Ethnie« ersetzt, während der Text die Hypothese von den »Rassenunterschieden« weiterhin trägt.

Zusammengefasst: In einem ersten Schritt definiert Singer mittels des Konzepts des Antispeziesismus alle mit einem Bewusstsein ausgestatteten

---

107 Vgl. Singer: *Praktische Ethik*, 1. Aufl., S. 110.
108 Peter Bierl: »Kritik des Antispeziesismus«. In: youtube.com, 30.5.2016, Minute 36:35.
109 Ebd., Minute 39:38.
110 Vgl. Singer: *Praktische Ethik*, 1. Aufl., S. 185, und Singer: *Praktische Ethik*, 3. Aufl., S. 295.
111 Singer: *Praktische Ethik*, 3. Aufl., S. 97.

Lebewesen unabhängig von ihrer Spezies als gleich. Der zweite Schritt besteht darin, einige als gleicher als andere zu betrachten – das sind die Personen. Der dritte Schritt ist die Annahme, dass die Leben von Nichtpersonen einen geringeren Wert haben und ihr (Weiter-)Leben diskutabel ist. Dem Sprach- und Kulturwissenschaftler Jobst Paul zufolge setzt der Ethikprofessor »an die Stelle von ›Rasse, Religion, Klasse oder Nationalität‹ in herkömmlichen Ausgrenzungslehren ... neurologisch-biologische Merkmale, klinische Befunde und indirekte Indizien, wie die gesellschaftliche oder individuelle Belastung als Folge dieser Merkmale«.[112] Mit der Kategorie »Person« schaffe Singer »eine Leerformel, der beliebige Inhalte zugedacht werden können«.[113]

Dass Singer für seinen »Euthanasie«-Diskurs mithilfe der aufgestellten Kategorien Person/Nichtperson den Umweg übers Tier geht, hat der Tierrechtsbewegung einen Bärendienst erwiesen. Ob der Tabubruch in Bezug auf das Tötungsverbot »zwangsläufig im Konzept des Antispeziesismus mitgeschleppt« wird, wie der AK Gibraltar schreibt, ist nicht so einfach zu beantworten. Der Antispeziesist Ryder addierte nicht Glück oder Unglück, Freude oder Leiden, sondern wollte das Leiden anderer so weit wie möglich verringern, ohne dabei eines gegen anderes aufzuwiegen. Bei Singer scheint es eher sekundär um Tiere zu gehen. Den Wert oder Zweck des Lebens an sich und ein daraus abzuleitendes angeborenes Recht auf Leben stellt er als Utilitarist infrage. Seine Schlussfolgerung ist mindestens fahrlässig und schlimmstenfalls mörderisch. Unter dem Deckmantel tierethischer Überlegungen soll über die Möglichkeit von »nichtfreiwilliger Euthanasie« – so der Titel eines der Kapitel in der *Praktischen Ethik* – entschieden werden.

Singer benutzt die Forderung nach Antidiskriminierung gegenüber Tieren, die der Antispeziesismus verlangt, um Menschen, die nach seiner Definition nicht »normal« sind, zu diskriminieren. Er will, dass man Tiere nicht anders behandelt, weil sie Tiere sind, und schlussfolgert daraus, Menschen wie Tiere zu behandeln. Menschliche und tierische Personen dürfen nicht getötet werden; menschliche und tierische Nichtpersonen hingegen schon. Wenn es dem Ethikprofessor darum ginge, Tiere stärker in der Ethik zu berücksichtigen, sie nicht wie Maschinen[114] zu benutzen und bei Verschleiß zu

---

112 Jobst Paul: »Zur Erinnerung: Tier-Metaphern und Ausgrenzung. Anmerkungen zur sogenannten Singer-Debatte«. In: Siegfried Jäger / Jobst Paul: *Von Menschen und Schweinen*, S. 38.
113 Ebd.
114 Dass es bei der Ausbeutung der Tier-Maschinen um Gewinnmaximierung geht, kommt bei Singer am Rande vor, er zieht daraus allerdings keine radikalen Schlüsse, sondern betont die Verpflichtung jeder Einzelnen, ihre (Konsum-)Gewohnheiten zu überdenken.

demontieren und zu ersetzen, wieso weitet er das Tötungsverbot nicht auf so viele Gruppen von Tieren wie möglich aus, solange kein überlebenswichtiges menschliches Interesse dem entgegensteht? Und wieso vermengt er ganze Tierklassen (Vögel, Fische) und -familien (Menschenaffen, Wale, Delfine, Hunde, Katzen, Schweine, Robben, Bären)[115] mit menschlichen Individuen (Babys, Kleinkinder, psychisch oder an Demenz Erkrankte)? Menschen, die nicht Singers Personenbegriff entsprechen, werden dadurch entindividualisiert und zu einer anonymen Masse, einer nicht gleichwertigen, minderwertigen Art degradiert. Wieso verweigert Singer den realen Vertreterinnen der Spezies Homo sapiens die Rechte, die er für komplette Tierfamilien aufgrund der Annahme, einige ihrer Vertreterinnen besäßen »voll entwickelte geistige Fähigkeiten«, seien »vernunftbegabt und selbstbewusst«, fordert?[116] Tiere in moralische Überlegungen einzubeziehen, ist bei Singer anscheinend nur mit der Relativierung des Werts von menschlichem Leben zu haben. Die Vermutung, Tiere dienten Singer lediglich als Hilfsmittel, um seine eigenen, einem harten wirtschaftlichen Kalkül folgenden bevölkerungspolitischen Ideen unters Volk zu bringen, drängt sich auf.

Menschen und (andere) Wirbeltiere haben fraglos viele grundlegende biologische Gemeinsamkeiten, angefangen bei den vier Gliedmaßen, einem Blutkreislauf und dem zentralen Nervensystem. Emotionen, Sozialverhalten und Kognition von Menschen und evolutionär nahe verwandten »höheren« Säugetieren, insbesondere den Menschenaffen, unterscheiden sich tatsächlich eher graduell voneinander. Ist der Mensch dennoch ein besonderes Tier oder sollte man die Speziesgrenze aufbrechen? Ich halte es für legitim, diese Grenze aufrechtzuerhalten, ohne jedoch die grundlegenden Bedürfnisse anderer Lebewesen auf diesem Planeten und insbesondere derjenigen, die direkt von uns abhängig sind, als unwichtig abzutun.

Grundlegend unterscheidet das Kulturwesen Mensch sich beispielsweise durch den nicht zu unterschätzenden Aspekt, dass er seine Nahrung selbst herstellen, lagern und konservieren kann – in einem Umfang, durch den die gesamte Weltbevölkerung und noch mehr versorgt werden könnte. Menschen können sich kollektiv organisieren und für ihre Rechte streiten.[117]

---

[115] Vgl. Singer: *Praktische Ethik*, 1. Aufl., S. 143.
[116] Ebd., S. 142 f.
[117] Das müssten auch Tierrechtsanwältinnen anerkennen, die ja explizit *für* und anstelle der Tiere ihre Stimme erheben. Über die Stimmlosigkeit ist man sich jedoch nicht einig. In einer Diskussion auf einer Facebook-Seite zum Thema Tierbefreiung kommentierte jemand, die Zuschreibung »stimmlos« müsse als »Ableismus gegenüber nicht-menschlichen Tieren« verstanden werden.

Sie sind sich ihrer eigenen Geschichtlichkeit bewusst und greifen als Spezies wie keine andere in die Gestaltung der Welt ein, auch wenn dies nicht zwingend positiv für die Welt und die Menschheit ist und teils verheerende Folgen hat. Die hochkomplexe menschliche Sprache und ihre Ausdrucksfähigkeit könnte man ebenfalls als Alleinstellungsmerkmal gelten lassen, auch wenn die ambitionierten Entschlüsselungsversuche etwa von Walgesängen oder Rufen von Präriehunden und Erdmännchen belegen, dass diese Tierarten eine Vielzahl von Lautäußerungen haben, die man vielleicht als Sprachen bezeichnen sollte.[118]

Trotz bis zu 99 Prozent genetischer Übereinstimmung von Homo sapiens und Schimpanse sind sie nicht identisch. Es gilt, die Verschiedenheit neben den Gemeinsamkeiten anzuerkennen. Die Tierrechtsphilosophin Hilal Sezgin argumentiert in *Artgerecht ist nur die Freiheit*, dass geistig gesunde, erwachsene, rationale Menschen eine besondere Verantwortung gegenüber den übrigen Lebewesen haben, weil sie moralische Entscheidungen treffen können. Sezgin scheut die Auseinandersetzung mit Singer nicht und gelangt aus einer dezidiert antispeziesistischen Position heraus zu ganz anderen Schlussfolgerungen als dieser. Sie betont den Wert des Lebens an sich und versucht, die moralisch zu Berücksichtigenden möglichst weit zu fassen. Dabei sei die Erkenntnis wichtig, dass es moralische Subjekte (jene mental gesunden, erwachsenen Menschen) gibt, die für eine weitaus größere Anzahl moralischer Objekte Verantwortung tragen.[119] Der Begriff Objekt ist hier keinesfalls abwertend zu verstehen, sondern es ist gemeint, dass es sich um Lebewesen handelt, die selbst keine moralisch Handelnden sein können, die aber »Subjekte ihres Lebens« sind.[120] Dazu zählt Sezgin Babys, kleine Kinder, Demente und eben auch (Wirbel-)Tiere. Denn: »Ebenso wie der Demente ein Recht auf Eigentum hat, auch wenn er dieses Konzept vielleicht nicht mehr versteht, ... so können auch Tiere moralische Rechte haben, obwohl sie selbst von Moral und Rechten nichts wissen.«[121]

Was bedeutet es aber, wenn jede Unterdrückung und jede Ausbeutung irgendwie gleich und austauschbar werden? Jutta Ditfurth meint: »Vom zentralen Ausbeutungsverhältnis Kapitalismus, mit dem andere Ausbeutungsverhältnisse wie Patriarchat, Rassismus, Naturvernichtung – und darin der

---
118 Siehe zum Beispiel Con Slobodchikoff: *Chasing Dr Dolittle. Learning the Language of Animals*. New York 2012.
119 Vgl. Sezgin: *Artgerecht ist nur die Freiheit*, S. 31.
120 Ebd., S. 18. Sezgin nimmt hiermit Bezug auf den US-amerikanischen Tierethiker Tom Regan.
121 Ebd., S. 50.

Umgang mit Tieren – untrennbar verknüpft sind, führt der Weg zu einer Ansammlung von unspezifischen Grausamkeiten und Betroffenensituationen, die nicht mehr qualifiziert werden.«[122] Die Aktivistinnen der Antifaschistischen Stadtkommune Berlin berichten von einer Veranstaltung, bei der »über das Ende der patriarchalen Unterdrückung von Frauen und Tieren gleichermaßen philosophiert wurde. Die Ausbeutung und Unterdrückung von Frauen und Tieren wurde dabei weitestgehend gleichgesetzt, so als ob Frauen genauso wenig Bewusstsein und Handlungsmöglichkeiten hätten wie Tiere.«[123] Und das Kollektiv AK Gibraltar notiert: »Wenn eine Trennung in Mensch und Tier abzulehnen sein soll, also von allen Aspekten der Menschlichkeit abstrahiert wird und Kriterien aufgestellt werden, wie Glück, Leid oder sonst was zu empfinden, woran ist dann bitte noch ein Unterschied zwischen einer Legebatterie und Auschwitz festzumachen?«[124]

Wenn der Antispeziesismus prinzipiell zu beidem taugt: Aufwertung von Tieren *und* Abwertung von Menschen, dann sind seine Implikationen höchst bedenklich. Der Begriff selbst scheint bereits problematisch zu sein. Die folgenden vier Unterkapitel sind stärker als die vorangegangenen der Frage gewidmet, wie der Menschenhass in Teilen der Tierrechtsbewegung sich manifestiert. So viel sei vorausgeschickt: Viele der Aktivistinnen bezeichnen sich explizit als Antispeziesistinnen.

Diese »niederträchtige KZ-Käfighaltung«: Relativierung und Instrumentalisierung der Shoah

Bernhard Grzimek, das Gesicht der beliebten Sendung »Ein Platz für Tiere«, die seit Oktober 1956 im westdeutschen Fernsehen lief, echauffierte sich Anfang der 1970er über die »niederträchtige KZ-Käfighaltung« von Legehennen. Das Oberlandesgericht Düsseldorf gab Grzimek am 26. Mai 1976 recht; den Vergleich zwischen den Verbrechen der Nazis und der industriellen Käfighaltung von Nutztieren durfte er ziehen.

Grzimek war im Juli 1933 der SA beigetreten (aus der er 1935 wieder austrat), am 1. Mai 1937 trat er nach Lockerung der Aufnahmesperre mit der Mitgliedsnummer 5.919.768 in die NSDAP ein. Er arbeitete zunächst im

---

122 Ditfurth: *Entspannt in die Barbarei*, S. 172.
123 Antifaschistische Stadtkommune Berlin: »Zur Kritik der Esoterik«. In: cyborgsociety.org, Stand: 12.10.2019.
124 AK Gibraltar, a. a. O.

Reichsnährstand,[125] später, von 1938 bis zum Ende des Krieges, als Regierungsrat im Reichsministerium für Ernährung und Landwirtschaft, wo er sich unter anderem mit Rinder- und Geflügelzucht beschäftigte. Nach dem Krieg leugnete er seine Parteimitgliedschaft, sicherte sich durch Kontakte den Posten des Zoodirektors in Frankfurt am Main und konnte den Zoo bereits am 1. Juli 1945 wiedereröffnen.

Berühmtheit erlangte Grzimek 1959 mit seinem in 17 Sprachen übersetzten Bestseller *Serengeti darf nicht sterben* und dem gleichnamigen Film. Darin offenbart er eine paternalistische Position gegenüber den Menschen in Afrika: »Wir Europäer müssen unseren schwarzen Brüdern helfen, ihren eigenen Besitz schätzen zu lernen, ... weil wir nicht wollen, dass sie unsere Fehler und Sünden wiederholen.«[126]

Bereits in seinem 1956 erschienenen Buch *Kein Platz für wilde Tiere* hatte Grzimek ohne wissenschaftliche Belege die These aufgestellt, die wilden Tiere Afrikas seien »zum Aussterben verdammt«,[127] und der Grund hierfür seien Hirtenvölker wie die Massai, die grundsätzlich die Ökosysteme zerstörten, in denen sie leben. Es gebe viel zu viele Menschen in der Serengeti, sie müssten entfernt werden, damit Platz für die Tiere sei. Grzimek bediente damit den Mythos von der Überbevölkerung des Planeten, die vor allem von sogenannten Drittweltländern verursacht würde. Sein Plädoyer für eine Umsiedlung der indigenen Massai steht in kolonialistischer Tradition – der weiße Mann entscheidet, wer wo leben darf und unter welchen Bedingungen. Nicht zufällig setzte der Zoodirektor unter Schriftstücke neben seine Unterschrift regelmäßig den Stempel »Ceterum censeo progeniem hominum esse deminuendam«, auf Deutsch: »Im Übrigen bin ich der Meinung, dass das Anwachsen der Menschheit verringert werden muss.« Wilfried Huismann, Autor des *Schwarzbuch WWF*, bringt die zentrale Botschaft Grzimeks auf den Punkt: »Wenn man die Serengeti retten will, müssen die Massai weg. Natur als menschenfreier Ort – niemand sonst hat dieses Mantra einer elitären, westlichen Naturverklärung besser und schärfer formuliert als der Zoodirektor aus Frankfurt.«[128]

---

[125] Der Reichsnährstand war von 1933 an die Dachorganisation, unter der die gleichgeschalteten landwirtschaftlichen Organisationen, Betriebe und Vereine sich versammelten. Er kontrollierte Produktion, Vertrieb und Preise landwirtschaftlicher Erzeugnisse. Sein Motto lautete »Blut und Boden«, er war typisch hierarchisch aufgebaut und sollte mittels Produktionssteigerung Deutschland unabhängig von Lebensmitteleinfuhren machen.
[126] Zitiert nach: Wilfried Huismann: *Schwarzbuch WWF. Dunkle Geschäfte im Zeichen des Panda.* Gütersloh 2012, S. 85.
[127] Zitiert nach: ebd., S. 84.
[128] Ebd., S. 85.

Grzimeks Haltung war und ist kein Einzelphänomen. Sie entspringt einer sozialdarwinistischen Tradition, deren Wurzeln im europäischen Nationalismus des 19. Jahrhunderts liegen und die im deutschen Nationalsozialismus ihren mörderischen Höhepunkt erreichte. An einigen Beispielen werde ich in diesem und in den folgenden drei Unterkapiteln zeigen, wie sich menschenverachtendes, rassistisches Gedankengut und die Instrumentalisierung der Shoah heute in der veganen Tierrechtsbewegung fortsetzen.

Der Satz »Auschwitz fängt da an, wo einer im Schlachthof steht und sagt, es sind ja nur Tiere«[129] erfreut sich fortwährender Beliebtheit in der internationalen Tierrechtsbewegung. Es handelt sich vermutlich um eine verkürzte Paraphrasierung des Textes »Menschen sehen dich an« aus der Aphorismensammlung *Minima Moralia* von Theodor W. Adorno, der neben Max Horkheimer einer der Hauptvertreter der Kritischen Theorie war. Das Original sei hier ausführlich zitiert, um den Kontext zu verdeutlichen:

Vielleicht ist der gesellschaftliche Schematismus der Wahrnehmung bei den Antisemiten so geartet, dass sie die Juden überhaupt nicht als Menschen sehen. Die stets wieder begegnende Aussage, Wilde, Schwarze, Japaner glichen Tieren, etwa Affen, enthält bereits den Schlüssel zum Pogrom. Über dessen Möglichkeit wird entschieden in dem Augenblick, in dem das Auge eines tödlich verwundeten Tiers den Menschen trifft. Der Trotz, mit dem er diesen Blick von sich schiebt – »es ist ja bloß ein Tier« –, wiederholt sich unaufhaltsam in den Grausamkeiten an Menschen, in denen die Täter das »Nur ein Tier« immer wieder sich bestätigen müssen, weil sie es schon am Tier nie ganz glauben konnten. In der repressiven Gesellschaft ist der Begriff des Menschen selber die Parodie der Ebenbildlichkeit. Es liegt im Mechanismus der »pathischen Projektion«, dass die Gewalthaber als Menschen nur ihr eigenes Spiegelbild wahrnehmen, anstatt das Menschliche gerade als das Verschiedene zurückzuspiegeln. Der Mord ist dann der Versuch, den Wahnsinn solcher falschen Wahrnehmung durch größeren Wahnsinn immer wieder in Vernunft zu verstellen: was nicht als Mensch gesehen wurde und doch Mensch ist, wird zum Ding gemacht, damit es durch keine Regung den manischen Blick mehr widerlegen kann.[130]

Adorno hat durchaus die Brutalität gegenüber Tieren im Blick. Auf dieser Folie zeigt er, was es heißt, wenn Menschen nicht bloß zu Tieren degra-

---

[129] Vermutlich verwendete im Jahr 1992 die damals noch für die Grünen im Bundestag sitzende Vera Lengsfeld dieses »Zitat« als erste. Vgl. Zitatforschung: »Auschwitz beginnt da ...« In: falschezitate.blogspot.com, 11.9.2018, Stand: 14.4.2019.

[130] Theodor W. Adorno: *Minima Moralia. Reflexionen aus dem beschädigten Leben*, 11. Aufl., Hg. von Rolf Tiedemann. Frankfurt am Main 2018, hier: S. 118.

diert, sondern »zum Ding gemacht« werden. Darin, Menschen auf die Stufe von Tieren zu stellen, sei das Pogrom bereits angelegt; also staatlich legitimierte, geplante oder spontane Ausschreitungen gegen eine bestimmte Gruppe, die in Vergewaltigung, Mord, Massenmord münden können. Der Satz zu Beginn ist wichtig: die Wahrnehmung der Jüdinnen als etwas grundlegend Anderes, als Nicht-Menschen. Die Vertierlichung bedeutet Ausschluss aus der moralischen Gemeinschaft, Entrechtung und totale Beherrschung. Ist der Mensch zum Nicht-Menschen verkommen, da Menschliches nicht »als das Verschiedene«, also eine lebendige Vielzahl möglicher Variationen im Inneren wie Äußeren wahrgenommen wird, führt die Negation des Menschseins zur Legitimation des Mords, der ebenfalls nicht als solcher betrachtet werden muss, denn wer nicht einmal mehr Tier ist oder dem nationalsozialistischen Sprachgebrauch nach als »Schädling« gilt, kann nicht ermordet werden. Nicht zufällig nutzten die Nationalsozialisten in den Gaskammern neben Motorabgasen Zyklon B, ein Schädlingsbekämpfungsmittel.

»In der repressiven Gesellschaft« sind sowohl Mensch als auch Tier Unterdrückung ausgesetzt; wobei deren individuelle Dimension und Wahrnehmung unterschiedlich sein dürften. Menschen sind anders von ihr betroffen, da sie erahnen können, was mit ihnen (noch) geschieht und warum. Tiere leiden ganz offensichtlich unter den Bedingungen, unter denen sie industriell »gehalten« werden. Sie nehmen sie wohl unmittelbarer wahr, denn ihrer Welt mangelt es an »vernünftiger« Erklär- und Verstehbarkeit. Die extreme Entindividualisierung trifft beide, mitunter tödlich.

Das falsche Zitat behauptet etwas, das Adorno so nicht formuliert hat und was er nicht gemeint haben dürfte. Es legt eine Gleichsetzung der Vernichtungslager der Nazis mit Tierschlachthäusern nahe. Das verkennt jedoch die dem nazistischen Massenmord[131] zugrundeliegende antisemitische und rassistische Ideologie, ohne die dieser nicht erklärbar ist und die sich grundlegend von den ökonomischen Interessen unterscheidet, die das massenhafte Schlachten von Tieren zur Nahrungsmittelproduktion bedingen. Fraglos lassen sich viele gute Gründe finden, es abzulehnen.

---

131 Dieser fand im Übrigen nicht ausschließlich in den Gaskammern der Vernichtungslager statt. Historikerinnen gehen davon aus, dass zwischen 1,5 und zwei Millionen Jüdinnen durch die ab Herbst 1941 von den Deutschen und ihren Mordgehilfen (»fremdvölkische Einheiten«) in den eroberten osteuropäischen Gebieten durchgeführten systematischen Erschießungen ums Leben kamen. Siehe etwa Jens Hoffmann: »*Das kann man nicht erzählen*«. ›*Aktion 1005*‹ – *Wie die Nazis die Spuren ihrer Massenmorde in Osteuropa beseitigten* (konkret texte 46/47, Hamburg 2008) sowie Matthias Janson: *Hitlers Hiwis. Iwan Demjanjuk und die Trawniki-Männer* (konkret texte 51, Hamburg 2010).

Adornos Mutter, Maria Calvelli-Adorno, war Katholikin, sein Vater Oscar Alexander Wiesengrund entstammte einer jüdischen Familie und konvertierte später zum Protestantismus. Im orthodoxen Judentum gilt nur ein Kind, das von einer jüdischen Frau geboren wurde, als jüdisch. Nach dieser Auffassung war Adorno kein Jude. Dies war den Nationalsozialisten freilich gleich, für sie zählte das »jüdische Blut«, und so musste der als Theodor Ludwig Wiesengrund Geborene ihnen als »Halb-Jude« gelten.

Adorno und andere Überlebende der Nazi-Herrschaft und des Holocaust müssen immer wieder dafür herhalten, dass, wenn doch selbst »der Jude« die heutigen Tierfabriken mit den Konzentrations- und Vernichtungslagern der Nazis vergleiche, man dies ebenfalls tun könne, ja geradezu moralisch verpflichtet dazu sei, um auf die außergewöhnliche Dimension des weltweiten Tierschlachtens hinzuweisen. Eine Aufrechnung der Toten drängt sich geradezu auf: Den sechs Millionen ermordeten Jüdinnen stehen dann 60 Milliarden getötete Tiere gegenüber – jährlich, und da sind Meerestiere noch gar nicht mitgezählt. Das bedeutet, den Holocaust zu relativieren und zu verharmlosen. Er ist dann kein besonderes, erklärungsbedürftiges Verbrechen mehr, sondern eines von vielen – und möglicherweise schlimmeren. Diese Relativierung muss als antisemitisch bezeichnet werden, ihre Motivation liegt in der Schuldabwehr.[132]

Ein prominentes Beispiel ist die US-amerikanische Tierrechtsorganisation People for the Ethical Treatment of Animals (Peta), bekannt für ihre provokanten, häufig sexistischen Aktionen. Durch mehrere gerichtliche Instanzen musste Peta daran gehindert werden, die Kampagne »Der Holocaust auf Ihrem Teller« in Deutschland durchzuführen. Der Zentralrat der Juden hatte gegen die Organisation geklagt und 2009 vom Bundesverfassungsgericht Recht bekommen. In der Urteilsbegründung nannten die Richterinnen Petas Kampagne eine »Bagatellisierung und Banalisierung des Schicksals der Holocaust-Opfer«. Auch der Europäische Gerichtshof, vor den Peta weitergezogen war, bestätigte das Urteil drei Jahre später. Peta argumentiert in einer Stellungnahme: »Die Vorstellung, dass Tiere nicht wie fühlende Wesen behandelt werden sollten, die es wert sind, zu leben, nur weil sie anders sind als wir Menschen oder nicht für sich sprechen können, beruht auf der gleichen Teilnahmslosigkeit, die für den Holocaust verantwortlich ist.«[133]

---

[132] Siehe dazu etwa Olaf Kistenmacher: »Schuldabwehr-Antisemitismus als Herausforderung für die Pädagogik gegen Judenfeindschaft«. In: Meron Mendel / Astrid Messerschmidt (Hg.): *Fragiler Konsens. Antisemitismuskritische Bildung in der Migrationsgesellschaft*, S. 203–222.
[133] Peta: »Kritikpunkt: Petas ›Holocaust auf Ihrem Teller‹-Kampagne ist antisemitisch«. In: peta.de, Stand: 13.4.2019.

Als blind und geschichtsvergessen entlarvt sich hier ein Tierrechtsverein, dem menschliches Leiden anscheinend wenig bedeutet. Die Kampagne war trotz oder vielmehr wegen des Verbots in der Welt, die Motive sind im Internet leicht aufzufinden, und Tierrechtsaktivistinnen verbreiten sie weiter. Auf einem ist ein nackter, ausgemergelter KZ-Häftling abgebildet, daneben ein abgemagertes Rind, dessen Brustknochen ebenso hervorstechen wie die des Häftlings. Der Text dazu lautet: »Zwischen 1938 und 1945 starben zwölf Millionen Menschen im Holocaust. Genauso viele Tiere werden für den menschlichen Verzehr jede Stunde in Europa getötet.« Wen Peta zu den »zwölf Millionen Menschen« rechnet, ist unklar; die jüdischen Opfer des Holocaust beziffern sich bekanntlich auf etwa sechs Millionen. Die Botschaft ist deutlich: Die Bilder sind austauschbar, und der »Tier-Holocaust« muss aufgrund der erschreckenden Zahl als das größere Verbrechen angesehen werden. Das falsche Adorno-Zitat prangt auf einem weiteren Plakat, auf dem ein junges Kalb in einem Bretterverschlag zu sehen ist.

Auch die australische Künstlerin und Tierrechtsaktivistin Jo Frederiks wirkt an der Relativierung der Shoah mit. Ihre Berufung scheint es zu sein, Kühe in KZ-Häftlingskleidung und Schafe auf dem Weg nach Auschwitz zu malen, um auf die grausame Praxis der industriellen Tierhaltung hinzuweisen. Letzteres ist eines ihrer bekanntesten Motive. Katzen mit durchbohrten Schädeln und abgeschlagene Rinderköpfe gehören ebenfalls zu ihrem Repertoire. Auch eine Swastika, auf der Spitze stehend und gefüllt mit bunten Früchten, findet sich in ihrem Œuvre. Darunter steht in Großbuchstaben »Peace«. Frederiks erklärt, sie wolle damit ein Gegengewicht zum Hakenkreuz der Nazis schaffen und in Erinnerung rufen, dass es sich dabei um ein uraltes heiliges Symbol handle, das wieder positiv besetzt werden sollte.[134]

Zum Motiv der vor dem Auschwitz-Tor ausharrenden Schafherde erklärt die Malerin, das Bild habe nichts mit Deutschen oder Jüdinnen zu tun. Es gehe darum, was »wir« Tieren antun, und die Konsumentinnen allein seien verantwortlich dafür.[135] Die materiellen, rationell-ökonomischen Gründe für die Zustände in den Tierfabriken blendet sie aus. Ein besseres Symbol für »das Böse«, das sich gegen alle Schwächeren, ob Mensch oder Tier, richtet, könne es nicht geben.[136] Frederiks beruft sich darauf, dass man den

---

134 Jo Frederiks: »In keeping with the theme of The Animal Holocaust«. In: facebook.com/jo.frederiks, 6.3.2014, Stand: 12.7.2019.
135 Jo Frederiks: »Reflections of Reality«. In: facebook.com/jo.frederiks, 18.11.2018, Stand: 10.10.2019.
136 Jo Frederiks: »Every Day«. In: facebook.com/jo.frederiks, 24.1.2015, Stand: 13.4.2019.

Begriff Holocaust in seiner ursprünglichen Bedeutung als Brand- und/oder Tieropfer verstehen solle. Es sei daher unproblematisch, etwa vom »Animal Holocaust«, vom »Aboriginal Holocaust« oder vom »Native American Holocaust« zu sprechen.[137] Zudem moniert sie, die Jüdinnen (die ihn übrigens in der Mehrzahl ablehnen und stattdessen von Shoah sprechen) hätten den Begriff nicht gepachtet. Facebook-Nutzerinnen, die ihre »Animal Holocaust«-Analogie kritisieren, blockiert die Künstlerin.

Das Beharren darauf, dass es nicht um Jüdinnen und Deutsche gehe, macht stutzig. Frederiks greift willkürlich den von einigen Überlebenden geäußerten Gedanken »Sie behandelten uns wie Tiere« heraus und entwickelt daraus eine schräge Ikonografie.[138] Die Schafe scheinen freiwillig auf das Lagertor von Auschwitz zuzustreben, ihrem Tod entgegenzulaufen. Dass es auch jüdischen Widerstand gegeben hat, dass jüdische oder als Jüdinnen wahrgenommene Menschen sich organisiert und gegen die Mörder gewehrt haben, unterschlägt Frederiks mit ihrer Interpretation. Die jüdische Partisanengruppe um Tuvia Bielski[139] oder der Aufstand im Warschauer Ghetto passen nicht ins Bild des passiven, erduldenden, sprach- und wehrlosen Opfers. (Tiere als Partisanen wären freilich ein ebenso groteskes wie falsches Bild.)

Frederiks betont, dass die moderne Tiermast so schnell und effektiv vonstatten geht wie nie zuvor. Mästeten die Deutschen ihre Opfer, bevor sie sie erschossen oder ins Gas schickten? Warum fällt ihr nicht auf, dass die Bilder nicht stimmig, nicht eins zu eins übertragbar sind? Ihre plakative Darstellung verstellt den Blick auf die unterschiedlichen Motive.

Frederiks beruft sich unter anderem auf den polnisch-US-amerikanischen Literaturnobelpreisträger Isaac Bashevis Singer, dessen Mutter und jüngerer Bruder von den Nazis ermordet wurden. In der Kurzgeschichte »The Letter Writer«, erschienen im Januar 1968 im »New Yorker«, lässt Singer eine Figur sagen: »Wo es um Tiere geht, wird jeder zum Nazi. Für die Tiere ist jeden Tag Treblinka.« Singer war strenger Vegetarier und setzte sich literarisch wiederholt mit dem Mensch-Tier-Verhältnis auseinander. Dass das Zitat dennoch in seinem fiktionalen Zusammenhang gelesen werden sollte, begreift Frederiks nicht. Auch das angebliche Adorno-Zitat habe sie bei ihrer

---

[137] Vgl. Peter Kohn: »›Animal Holocaust‹ Furore«. In: ajn.timesofisrael.com, 29.9.2014, Stand: 5.9.2019.
[138] Vgl. Margaret Burin: »Confronting paintings compare meat and dairy industries with the Holocaust«. In: abc.net.au, 4.9.2014, Stand: 24.9.2019.
[139] Siehe etwa Frank Kempe: »Ein einziger geretteter Jude zählt mehr als jeder getötete Deutsche«. In: deutschlandfunkkultur.de, 12.6.2012, Stand: 24.9.2019.

Kunst inspiriert.[140] Ein weiteres literarisches Zitat Singers hatte bereits bei der Peta-Kampagne Verwendung gefunden. Über die provokativen echten und unechten Zitate hinaus scheinen weder Frederiks noch Peta sich sonderlich für die Zitierten zu interessieren.

Im deutschsprachigen Raum ist es unter anderen Ruediger Dahlke, der in keiner Weise »das unermessliche Leid, das Menschen in Konzentrationslagern zugefügt wurde«, relativieren will, jedoch konstatieren muss: »Die heutigen Tierfabriken sind eine Art von Konzentrationslager für Tiere, und das Wissen um die Zustände in ihnen wird ähnlich geheim gehalten wie seinerzeit das über NS-Konzentrationslager.«[141]

Neben Peta, Frederiks und Dahlke gibt es diverse Personen und Organisationen, die vom »Tier-Holocaust« reden und entsprechende bildliche und sprachliche Analogien verwenden. Im Februar 2017 verglich der als gemeinnützig anerkannte Tierrechtsverein Animal Peace (AP) zum wiederholten Mal die Ohrmarkenpflicht für Rinder mit dem Zwang für Jüdinnen, den gelben »Judenstern« an der Kleidung zu tragen. Auf der Website und auf dem Facebook-Account erklärt der von Silke Ruthenberg und Reinhold Kassen geführte Verein: »Weil er seinen Kühen keinen Judenstern antackern wollte, soll ein Landwirt tatsächlich dauerhaft in der Klapse [sic] eingesperrt werden.«[142] Im Dezember 2016 hatten die Tierrechtlerinnen bereits für Schlagzeilen gesorgt. Denn ihr Kommentar zum Anschlag auf den Weihnachtsmarkt am Breitscheidplatz in Berlin lautete: »Gänse? Sechs Millionen Terropfer jährlich in Deutschland. Für Gänse ist jeden Tag Weihnachtsmarkt. Vergesst das nie!«[143] Offenbar handelt es sich um eine direkte Anspielung auf das bekannte Singer-Zitat (»Für die Tiere ist jeden Tag Treblinka«). In Deutschland liegt die Zahl der geschlachteten Gänse allerdings bei knapp 600.000 pro Jahr.[144] Ruthenberg, die anscheinend die Facebook-Seite betreut, wird sich nicht aus Versehen verzählt und zufällig die Zahl von sechs Millionen gewählt haben. Auf den Shitstorm, der auf das Posting immerhin folgte, fand sie folgende Erwiderung: »An alle Hassposter und Oberlehrer, ... Eure Kritik ist der reine

---

140 Roz Tarszisz: »Art exhibition equates animal farming with the Holocaust«. In: j-wire.com, 19.9.2014, Stand: 12.7.2019.
141 Ruediger Dahlke: *Peace Food*, S. 183.
142 Animal Peace: »So weit sind wir schon«. In: facebook.com/animalpeace, 21.2.2017, Stand: 30.12.2018.
143 Animal Peace: »Gänse? Sechs Millionen Terropfer jährlich«. In: facebook.com/animalpeace, 19.12.2016, Stand: 30.12.2018.
144 Vgl. die Angaben der Albert-Schweitzer-Stiftung: »Schlachtzahlen 2016«. In: albert-schweitzer-stiftung.de, 9.2.2017, Stand: 8.9.2019, und »Schlachtzahlen 2017«. In: albert-schweitzer-stiftung.de, 10.2.2018, Stand: 8.9.2019.

Tierhass, eine Relativierung des milliardenfachen Völkermords an ihnen.«[145] Im September 2018 veröffentlichte die Tierfreundin ein Bekenntnis, offen für alle und alles zu sein: »Tiere brauchen ein politisch neutrales Tierrecht frei von anderen Ideologien. Sonst wird es zum Wurmfortsatz einer politischen Ideologie und ist damit verloren. Wir sind es den Tieren schuldig, ihre Sache und nur ihre Sache hochzuhalten.«[146]

Neben der Organisation von Veranstaltungen wie der regelmäßig stattfindenden Veganmania in Regensburg und München ist Animal Peace sehr aktiv auf Facebook. Bei der Mehrzahl der Beiträge handelt es sich um unkommentierte Links, die zu Artikeln oder Videos von Tierquälerei, seltener von Tierrettungen führen. Schockbilder sollen provozieren und Tränchen- und Wut-Emoji-Reaktionen hervorrufen. Ebenso wie die Vereinsvorsitzende lassen viele Fans ihrem Menschenhass in den Kommentarspalten freien Lauf. Relativ viele Postings drücken Freude über Vorfälle aus, bei denen Menschen durch Tiere zu schwerem Schaden oder gar ums Leben gekommen sind. Opfer solcher Häme werden sowohl Tierhalterinnen, die ihre Tiere misshandeln, als auch Menschen, die durch Unfall zu Schaden kommen, etwa weil sie bei der Überquerung einer Weide von einem Rind angegriffen werden. In einem dieser Fälle »feierte« Ruthenberg einen Stier, »der seinen Sklavenhalter getötet hatte«, und sprach davon, dass das Tier »in dieser Geschichte das einzig reine Opfer war und blieb«.[147] Ruthenberg verteidigte ihre begeisterte Reaktion auf den Tod des Bauern als »opfersolidarisch«.

Ein letztes Beispiel: Für den österreichischen Tierrechtsphilosophen Helmut Kaplan, der sowohl Peta als auch AP lange Zeit beratend unterstützt hat, steht das Tierrecht an erster Stelle. Selbst gegenüber neonazistischen Organen wie dem »Fahnenträger« hat er keine Berührungsängste. 2010 gab er dem Blatt ein Interview, das unter dem Titel »Holocaust-Vergleich wird immer wichtiger« erschienen ist und das bis heute (Stand: September 2019) vom Tierschutzmagazin »Fellbeißer« weiterverbreitet wird. Der »Fahnenträger« wurde kurz darauf eingestellt, die rechtsextreme Zeitschrift »Umwelt & Aktiv« hat das Interview allerdings nachgedruckt, auf ihrer Internetseite ist es ebenfalls zugänglich. Im Interview beklagt Kaplan, dass Leute »ausgegrenzt [werden], weil sie beispielsweise zu links oder zu rechts oder zu re-

---

145 Ebd.
146 Silke Ruthenberg: »Hasen – rechtsoffen. Oder linksoffen?« In: facebook.com, 2.9.2018, Stand: 30.12.2018.
147 Silke Ruthenberg: »Ein Schiff voller Tierfresser entzweit die vegane Community. Von richtigen und falschen Wertehierarchien«. In: facebook.com/notes/silke-ruthenberg, 10.7.2019, Stand: 17.7.2019.

ligiös oder zu kapitalismusfreundlich usw. sind«.[148] Der Tierethiker rechtfertigt sich freimütig: »Was wäre falsch daran, wenn jemand durch dieses Interview Veganer oder Tierrechtler oder Vegetarier würde?« und ergänzt: »Ist es nicht vielleicht besonders begrüßenswert, wenn sich ›problematische‹ Gruppierungen mit vernünftigen, rationalen, ethischen Ideen befassen?«[149]

An anderer Stelle behauptet Kaplan, was in der industriellen Tierhaltung geschieht, entspreche »exakt dem Holocaust der Nazis. Um dies zu erkennen, braucht man sich nur Berichte über Menschenversuche in KZs und Berichte über heutige Tierversuche anzuschauen.« Und er erklärt weiter: »Die Parallelen sind lückenlos, die Berichte sind austauschbar. Alles, was die Nazis den Juden angetan haben, praktizieren wir heute mit Tieren!«[150]

Tierrechtsanwältinnen wie Ruthenberg, Kaplan und ihre Mitstreiterinnen können oder wollen nicht verstehen, dass die Nazis vornehmlich zwei sich ideologisch und praktisch ergänzende Ziele verfolgten. Das eine war die Eroberung von »Lebensraum im Osten«, das andere der gesellschaftliche Ausschluss der Jüdinnen, der schließlich in ihrer physischen Vernichtung gipfelte. Dass diese (auch) durch Arbeit erreicht werden sollte, folgte einem kalten Kalkül, während der Profit, der sich aus Schuhen, Haaren und Zahngold der Ermordeten schlagen ließ, eher ein willkommener Nebenaspekt war.

In den Tierfabriken und Schlachthäusern geht es hingegen nicht um die Ausrottung von Lebewesen – und schon gar nicht um die von »Feindinnen« der »Volksgemeinschaft« –, sondern um die Vermehrung von Kapital. Die Form ist blutig und hässlich, und seit Upton Sinclairs bemerkenswertem Roman *Der Dschungel* über die Chicagoer Schlachthöfe zu Anfang des 20. Jahrhunderts scheint sie sich substanziell kaum verändert zu haben, aber es ist tatsächlich nur die Form, in der sich das Kapital in diesem Fall akkumuliert. Die effiziente Arbeitsteilung in den Schlachthöfen nahm Henry Ford als Vorbild für seine Fließbänder und perfektionierte sie. Eine Tierfabrik ist prinzipiell das gleiche wie eine, in der Regenschirme oder Elektroautos hergestellt wer-

---

148 Fellbeißer: »Interview mit Dr. Helmut F. Kaplan«. In: fellbeisser.net, 9.3.2010, Stand: 4.7.2019.
149 Zitiert nach: Emil Franzinelli: »Hauptsache für die Tiere? Wie unkritisch und unpolitisch dürfen die Tierrechtsbewegung und ihre Repräsentierenden sein?« In: »Tierbefreiung« 67 (Juni 2010), S. 4-10, hier: S. 7.
150 Helmut F. Kaplan: »Tiere und Juden oder Die Kunst der Verdrängung«. Der Text war bis Ende 2017 auf Kaplans Website zugänglich und ist weiterhin einsehbar unter archive.li. Kaplan hat ihn zwischenzeitlich von seiner Seite gelöscht, es ist allerdings unwahrscheinlich, dass er inhaltlich von seiner damals geäußerten Position abgewichen ist, da er sich nie von seiner häufigen Verwendung des Holocaust-Vergleichs und der Aufforderung, ihn zu nutzen und zu verbreiten, distanziert hat.

den. Das äußerlich verbindende Element zwischen den Tierfabriken des 20. und 21. Jahrhunderts und den nationalsozialistischen Fabriken zur Ermordung von Menschen besteht vornehmlich in der arbeitsteiligen Organisation der einzelnen Prozesse sowie der getakteten, rationellen Technisierung der Abläufe. Ohne die weit vorangeschrittene Industrialisierung wäre das umfassende Vernichtungsprogramm der Deutschen nicht umsetzbar gewesen.

Die Deutschen hatten die Jüdinnen als »Gegenrasse, das negative Prinzip als solches«[151] konstruiert, wie Adorno und Horkheimer in der *Dialektik der Aufklärung* schreiben, die das absolut Böse verkörpern, für alles Schlechte in der Welt verantwortlich sein (paradoxerweise auch gleichzeitig für Sozialismus und Kapitalismus) und restlos ausgelöscht werden sollte. Hiervon sollte »das Glück der Welt abhängen«.[152]

Die kaum lebensfähigen Kreaturen in den überfüllten Hühnermastanlagen und ammoniakverseuchten Schweineställen dienen hingegen einem anderen Zweck, und sie werden kontinuierlich reproduziert. Das ist ein bedeutsamer Unterschied. In der Tierfabrik soll Kapital sich akkumulieren. Dies geschieht mit dem lebenden und in der Mehrzahl weiblichen Tier, indem man ihm Kinder, Sekrete, Eier usw. raubt, und im Schlachthaus über Töten, Zerlegen, Einschweißen von Tierkörpern. Im Vernichtungslager hingegen ist das Töten Selbstzweck, das Produkt ist der Mord.

»Save a Whale, harpoon a Makah!«: Die Eliminationsphantasien der Meeresschützerinnen von Sea Shepherd

Die Meeresschutzorganisation Sea Shepherd hat 2011 ein Schiff nach der französischen Schauspielerin und Tierschützerin Brigitte Bardot benannt, das mit Mitteln ihrer Stiftung finanziert wurde. Bardot ist dem rechtsextremen Rassemblement National (ehemals Front National) ideell und persönlich verbunden (ihr Ehemann Bernard d'Ormale gehört zu den führenden Mitgliedern). Sie wettert öffentlich gegen »Überfremdung«, warnt vor einer »Islamisierung« Frankreichs und befürchtet eine »Vermischung der Rassen«, die das französische Volk schädigen würde. Wegen »Anstiftung zum Rassenhass« ist die Grande Dame bereits mehrfach verurteilt worden. Im November 2018 posierte sie mit Daumen-hoch-Geste in gelber Warnweste und signalisierte damit ihre Zustimmung zur sogenannten Gelbwestenbewegung.

---

151 Max Horkheimer / Theodor W. Adorno: *Dialektik der Aufklärung. Philosophische Fragmente*, 18. Aufl. Frankfurt am Main 2009, S. 177.
152 Ebd.

Sie benutzt Tiere für ihre politischen Interventionen, einen ihrer Hunde hat sie ebenfalls mit solch einem Kleidungsstück ausgestattet.[153]

Paul Watson, dem Gründer von Sea Shepherd, ist Bardot freundschaftlich verbunden. Er plädiert für die radikale Reduzierung der Weltbevölkerung auf unter eine Milliarde und vertritt ein biozentrisches Weltbild.[154] An Migration missfällt ihm besonders, dass die Geflüchteten im Ankunftsland viel mehr Energie verbrauchen würden als in ihren Herkunftsländern und damit der Umwelt schadeten, weshalb eine Obergrenze notwendig sei. Mit den Geflüchteten entstünde »ein ökologischer Schaden«,[155] meint auch Angelika Willig, Mitglied der nationalistischen Deutschen Gildenschaft, die in der rechtsextremen Zeitschrift »Umwelt & Aktiv« dafür eintritt, dass »neben fremden Pflanzen auch fremde Menschen vom heimischen Boden ferngehalten werden sollten«.[156] Watson begibt sich mit seiner Aussage in die Nähe von Rassistinnen wie Willig.

Zu seinem Verhältnis zu Bardot befragt, gibt Watson zu Protokoll: »Ihre Meinung über Menschen interessiert mich eigentlich nicht. ... Ich mag keine Menschen. ... Alles, was ich weiß, ist, dass sie Tiere schützt und uns gegenüber sehr loyal ist.«[157] Von David Foreman, einem Mitinitiator der biozentrischen Umweltbewegung Earth First, ließ Watson sich die Vorworte zu zweien seiner Bücher schreiben. Es ist unwahrscheinlich, dass der Walschützer dafür jemanden ausgewählt hat, dessen Überzeugungen ihm fremd sind. Foreman vergleicht die menschliche Spezies in seinem Buch *Confessions of an Eco-Warrior* mit den Pocken und begrüßt Dürrekatastrophen, die die angebliche Überbevölkerung auf natürliche Weise regulieren würden. 1987 verlautbarte er zu einer damals erneut drohenden Hungerkatastrophe in Äthiopien: »Das Schlimmste, was wir in Äthiopien machen können, ist zu helfen. Das Beste wäre, lasst die Natur ihr eigenes Gleichgewicht finden, lasst die Leute dort einfach sterben.«[158] Foreman würde die Weltbevölkerung am liebsten auf 100 Millionen reduzieren.

---

153 »Französische Promis solidarisieren sich mit ›Gelbwesten‹«. In: »Der Standard«, 29.11.2018, derstandard.de, Stand: 25.2.2019.
154 Jutta Ditfurth kennzeichnet den Biozentrismus als eine reaktionäre Ideologie des (Klein-)Bürgertums, die im Kern emanzipationsfeindlich sei. Sie schreibt: »Das Niederträchtige an der biozentrischen Position ist, dass sie vorgibt, die gebeutelte Natur außerhalb des Menschen höher werten zu wollen, in Wirklichkeit aber den Menschen auf das Maß einer Kakerlake niederdrückt.« (Ditfurth: *Entspannt in die Barbarei*, S. 127.) Watson geht sogar noch weiter; er würde das Leben einer Kakerlake mit Hunderten von Menschenleben aufwiegen.
155 Zitiert nach: Röpke / Speit: *Völkische Landnahme*, S. 91.
156 Zitiert nach: ebd.
157 Interview mit Paul Watson: »The Sea Shepherd«. In: »Kochen ohne Knochen«, September 2012, S. 9–11, hier: S. 11.
158 Zitiert nach: Ditfurth: *Entspannt in die Barbarei*, S. 130.

Die Sea-Shepherd-Fans shoppen derweil im Merchandise-Store, und auf tierproduktfreien Konsumstraßenfesten präsentieren sich etliche Teilnehmerinnen im Einheitslook mit dem Logo der Organisation. Auf den Schiffen wird vegane Kost serviert, Alkohol ist stark reglementiert, man pflegt das Image harter Seeleute. Watson versteht es, sich und seine Crew in ihrem Kampf gegen das Abschlachten großer Meeressäugetiere in Szene zu setzen, er arrangierte sogar eine mit actionreichen Bildern ausgestattete Fernsehsendung über seine Arbeit.[159]

Um die richtigen Bilder zu bekommen, schickt der Walschützer seine Crewmitglieder bewusst in unruhige Gewässer: Die indigenen Makah, die in einem Reservat im US-Bundesstaat Washington leben, kämpfen um die Erlaubnis, traditionellen Walfang zu betreiben, die ihnen mal gewährt, mal entzogen wird. Üblicherweise ist sie begrenzt auf ein bis fünf Grauwale pro Jahr. Doch auch das ist den Meeresschützerinnen zu viel, und dass man anderen vorschreibt, wie sie zu leben haben, ist Konsens sowohl bei den Aktivistinnen als auch bei ihren Fans auf Facebook, wo die Organisation allein auf ihrer Hauptseite rund eine Million Followerinnen verzeichnen kann. Die ätzenden Kommentare zu einem Posting vom März 2015, das einen Antrag der Makah bei der zuständigen US-Behörde thematisiert, zeigen, wes Geistes Kinder hier zusammenfinden.[160] So heißt es: »Da sollen sie lieber um den Marterpfahl rennen, bei allem Verständnis, was der weiße Mann den Indianern auch angetan hat.« Andere echauffieren sich, dass nun gerade diejenigen, die es doch wirklich besser wissen müssten, »eine derartige Tradition fortsetzen« wollen. Man lebe schließlich »nicht mehr wie dazumal, die Umwelt ist anders, das müssen auch diese Menschen einsehen«. Was Tradition ist und was nicht, erklärt eine Kommentierende: »Eine Tradition ist eine schöne Sache, aber das Töten von Walen und Delfinen ist einfach nur Mord und auf keinen Fall eine Tradition. Unter einer Tradition verstehe ich das Tragen von Trachten und Gewändern.« Wie können es die Eingeborenen wagen, sich nicht konform zu der Projektion der »edlen Wilden« zu verhalten und, statt »im Einklang mit der Natur« zu leben und ihre »alten Indianerweisheiten« zu konservieren, einen winzigen Anteil vom Geschäft mit seltenen Tieren abhaben zu wollen? Das passt nicht ins romantisierende Bild von den Ureinwohnerinnen, daher dürfen diejenigen, die ohnehin schon an der Peripherie

---

[159] Die Persiflage des Formats in der »South Park«-Folge »Whale Whores« ist sehenswert.
[160] Alle folgenden Zitate stammen aus der Diskussion zum Beitrag »Walfang der Makah – Wale in USA müssen geschützt werden.« In: facebook.com/seashepherddeutschland, 11.3.2015, Stand: 4.3.2019.

der rassistischen US-amerikanischen Gesellschaft leben, beschimpft und entmenschlicht werden. Bei einer früheren Kampagne von Sea Shepherd Ende der 1990er Jahre, als die Makah erstmals seit 1920 wieder Walfang betreiben durften, beschimpften Aktivistinnen sie als »besoffene« und »faule Indianer« und riefen ihnen zu: »Nur weil ihr blöd geboren seid, habt ihr noch lange nicht das Recht, blöd zu bleiben!«[161] Auf Demonstrationen nutzten die Tierfreundinnen Transparente mit dem Spruch »Save a Whale – harpoon a Makah« (Rette einen Wal, harpuniere eine/n Makah).[162]

Menschenaffen, Walen und Delfinen, selbst Phytoplankton und Hefebakterien gesteht Watson hundertmal eher das Recht auf Leben zu als Vertreterinnen der Spezies Mensch. »Wir« alle – und nicht etwa das Kapital mit seinem Streben nach unendlichem Wachstum – zerstörten die Erde. Ein Wirtschaftssystem, das »unnütze« Menschen produziert, wäre zu kritisieren, und nicht die Opfer dieses Systems.

Die Menschheit sei wie ein Krebsgeschwür, das man radikal entfernen müsse, so Watson in einem auf der Sea-Shepherd-Website veröffentlichten Pamphlet, in dem er den Mythos von der Überbevölkerung nährt.[163] Nach welchen Kriterien aussortiert werden soll, hat der Captain sich bereits überlegt: Nachkommen zeugen dürften nur noch diejenigen, die sich ihrer Verantwortung gegenüber dem Planeten bewusst sind und für die Elternschaft Beruf und Berufung bedeutet. Wie dieses modifizierte Menschenzuchtprogramm, das zwar den Begriff »Rasse« überwunden zu haben scheint, aber nicht weniger ideologisch ist, umgesetzt werden soll, lässt Watson offen. Der Hobbyeugeniker wünscht sich menschliche Gemeinschaften, die auf kleine Spots mit maximal 20.000 Einwohnerinnen innerhalb großer Wildgebiete begrenzt sein sollen (Ähnliches phantasierten zuvor bereits David Foreman und andere), und stellt sich vermutlich eine Art Lokal-Kapitalismus als Wirtschaftssystem vor. Anscheinend träumt er von einer Welt, in der alle Menschen, die sich nicht dem Diktat der Natur unterordnen wollen, ausgelöscht sind.

Abgesehen von dem Massenmord, der notwendig wäre, um Watsons Vision zu verwirklichen, wäre die Umwelt, die er imaginiert, keineswegs natürlich, sondern wiederum nach menschlichen Maßgaben optimiert. Watson will hierzu die degenerierten Haustiere Rind und Schaf eliminieren, er

---

161 Zitiert nach: »Tierschutz rassistisch. Sea Shepherds Kampagne gegen indigene Waljagd«. In: conne-island.de, Stand: 4.3.2019.
162 Ebd.
163 Vgl. Paul Watson: »The Beginning of the End for Life as We Know it on Planet Earth?« In: seashepherd.org.uk, Stand: 3.3.2019.

nennt sie »Weidemaden und Landläuse«, Schädlinge also. Ersetzen will er sie durch »natürliche Tiere« wie Bisons und Karibus, da diese eine bessere Klimabilanz hätten. Er unterscheidet zwischen höher- und minderwertigen Tieren, von denen er die einen als Wildtiere und damit als Teil der schützenswerten Natur ansieht, während die degenerierten, dem menschlichen Kulturkreis zugehörigen Nutztiere zu entfernen sind. Am schlimmsten sind und bleiben aber »wir Menschen«: »arrogante, nackte Affen mit Allmachtsphantasien«, unverbesserlich und unmoralisch, zu keiner Veränderung oder Entwicklung fähig.[164]

Watson imaginiert die Erde als gigantischen Organismus. »Der Mensch« verhält sich wie ein Virus, das Mutter Erde befallen hat und sie zerstört. Menschen gleichen laut Watson dem Aids-Virus.[165] Die Metapher von der Menschheit als wucherndem Krebs oder todbringendem Virus ist nicht neu. Watson bezeichnet sich selbst als Ökoterroristen und sieht sich in einer Linie mit Mohandas Karamchand Gandhi und Nelson Mandela; auf den derzeitigen Dalai Lama bezieht er sich positiv und nennt ihn eine wichtige »Autorität«.[166] Tatsächlich steht er in der Tradition von Rassisten wie Konrad Lorenz und Ökofaschisten wie Max Otto Bruker,[167] auch wenn er nicht deren »traditionellen« Rassenwahn teilt. Was sie eint, ist der Wunsch, den Planeten von der Krankheit Mensch zu befreien – und vorgebliche Tierliebe.

In rührseligen Worten wiederholt Watson in Interviews sein Erweckungserlebnis. Es war Mitte der 1970er Jahre, Greenpeace war gerade gegründet und der enthusiastische Umweltschützer eines der ersten Mitglieder. Dann hatte er eine Face-to-Face-Begegnung mit einem Pottwal, den sowjetische Walfänger abgeschossen hatten. »Er hätte mich ohne Probleme umbringen können. Aber er hat sich bewusst dafür entschieden, es nicht zu tun. ... Ich blickte ihm in die Augen, kurz bevor er starb. Was ich gesehen habe, war Verständnis. Er

---

[164] Alle Zitate aus: Paul Watson: »Nackte Affen mit Allmachtsphantasien«. In: »Natur« 7/2012, Stand: 9.4.2019.
[165] Beispielhaft sei zudem die Aussage eines Crewmitglieds zitiert, das sich wünscht, die Menschheit sollte mittels einer weltweiten tödlichen Aids- oder Grippe-Epidemie zurück »in Balance« gebracht werden. Vgl. Antispe Mainz: »Sea Shepherd – ein im Kern reaktionärer Haufen!?«, Stand: 4.4.2019.
[166] Jutta Ditfurth und Colin Goldner haben ausführlich kritisch über den amtierenden 14. Dalai Lama, Tenzin Gyatso, gearbeitet. Ditfurth bezeichnet Tibet als »die asiatische Form einer feudalen Sklavenhaltergesellschaft«. Die Begeisterung des Bürgertums westlicher Staaten für Gurus wie den Dalai Lama sei »eine trübe Melange aus esoterischer Idiotie, antisozialem Kunstinteresse, religiöser Schwärmerei sowie ... totaler Ignoranz gegenüber der sozialen Lage der tibetischen Menschen sowie der Hass auf die Utopie von sozialer Gleichheit und der darauf aufbauenden Freiheit der Menschen« (Ditfurth: *Entspannt in die Barbarei*, S. 116–122.).
[167] Bruker war SA-Mitglied und hat sich nach 1945 in diversen Öko-NPD-Organisationen stark gemacht. Jutta Ditfurth nannte ihn eine »Scharnierstelle zwischen Ökologie- und Naturkostbewegung auf der einen Seite und Neonazi-Szene auf der anderen Seite« (ebd., S. 51).

hat verstanden, dass wir ihn schützen wollen. Und ich sah Mitleid, nicht für sich selbst, sondern für uns. Dass wir Leben einfach so nehmen, ohne Gründe. Seitdem schulde ich den Walen etwas.«[168]

Welches Bild vom Tier zeichnet Watson? Das Tier, solange es ausschließlich Teil der Natur ist, wird idealisiert. Es ist unschuldig, ursprünglich, authentisch, erhaben, wertvoll und gut. Konnotiert sind mit ihm Reinheit, Arglosigkeit, Friedfertigkeit. Gleichzeitig besitzt das Tier positive menschliche Eigenschaften: Mitleid, Verständnis, kognitive Übertragungsleistung und die Fähigkeit, eine moralische Entscheidung zu treffen – der Wal ist der bessere Mensch. Der moderne Mensch steht diesem Bild diametral gegenüber und ist dank Zivilisation und Kulturerrungenschaften von der Natur total entfremdet. Er wird als degeneriert, verderbt, egoistisch und als störendes Element wahrgenommen, das, wenn nicht eliminiert, so doch zumindest radikal dezimiert werden muss.

Watson sieht sich als Hirte der Meere und hat seinem Unternehmen diesen Namen gegeben: Sea Shepherd. Das ist paradox, denn menschliche Hirten schützen üblicherweise (gezüchtete) Nutztiere vor Fressfeinden, kümmern sich gegebenenfalls um medizinische Versorgung, profitieren allerdings auch in unterschiedlicher Weise von den Tieren. Das englische Wort *shepherd* bezeichnet wörtlich eine Person, die Schafe hütet; diverse Hirtenhunderassen tragen das Wort im Namen. Auch eine religiöse Konnotation schwingt mit: Der gute Hirte (im Englischen: *good shepherd*) ist eine der ältesten und bekanntesten Bezeichnungen für Jesus Christus. Was für Nutztiere (und für Menschen!) abgelehnt wird, gilt nicht für freilebende Tiere in den Weltmeeren: Sie müssen verteidigt, erhalten und beschützt werden, so steht es in der Selbstdarstellung auf der Sea-Shepherd-Website.

Zwischen Tier und (Kultur-)Mensch steht laut Peter Bierl die »Projektion vom edlen Wilden und seiner natürlichen Lebensweise«.[169] Der Wunsch nach der Wiederherstellung eines Zustands, in dem der Mensch im Einklang mit der Natur lebt, und die Sehnsucht nach einem einfachen Leben sind omnipräsent. Deshalb sind den Meeresschützerinnen gerade die Makah so verhasst, denn diese verhalten sich nicht dem Bild der naturverbundenen, schamanischen Indianerinnen gemäß. Nicht nur, dass sie Jeans statt bunter Gewänder tragen, sie verweigern der sie umgebenden Tier- und Pflanzenwelt den

---

[168] Paul Watson: »Meine Mission ist einfach«. In: taz.de, 26.12.2012, Stand: 3.3.2019.
[169] Peter Bierl: »Und ewig rauschen die Wälder«. In: archive.fo, Stand: 2712.2018.

ihr gebührenden Respekt. Was die Europäerinnen und die Kolonisatorinnen Amerikas an Wäldern, Meeren und den Lebewesen darin verbrochen haben, sollen die letzten Indigenen nicht nachmachen, so die paternalistische Geste.

Der Mediziner und Statistiker Hans Rosling, Mitgründer der schwedischen Sektion von Ärzte ohne Grenzen, formuliert deutlich: »Die Menschen lebten in der Vergangenheit nie im ökologischen Einklang mit der Natur – sie starben im Einklang mit der Natur.«[170] Natur ist kein bewusst und erst recht nicht moralisch handelndes Subjekt, und deshalb kann es ein Leben in friedlichem Einvernehmen mit ihr nicht geben. Wer klug ist, schützt sich vor ihr, so gut sie kann. Überschwemmungen und Hitzewellen sind weder göttliche noch »gerechte« Strafen, sie passieren. Und sie passieren umso häufiger, je stärker menschliches Handeln Druck auf die ökologische Infrastruktur ausübt und sie zerstört. Natur kann tödlich sein. Mit den von Watson und anderen beschworenen Naturgesetzen, die auf wundersame Weise alles regeln und im Gleichgewicht halten, hat das wenig zu tun. Die Verabsolutierung solcher »Naturgesetze« negiert gesellschaftliche Widersprüche – mit der Konsequenz, dass Unterdrückung, Ungerechtigkeit und Ausbeutung, unter denen Menschen zu leiden haben, als gerechtfertigt und unüberwindbar erscheinen.

Hauptsache, viele Stimmen für die Tiere: Die »unpolitischen« Tierrechtsaktivistinnen von Anonymous for the Voiceless

Die jüngste sektenartige Verbindung innerhalb der Tierrechtsszene nennt sich Anonymous for the Voiceless (AV) und macht seit 2016 international mit ihren »Cube of truth«-Aktionen auf sich aufmerksam. Die Aktivistinnen stellen sich mit den durch die Occupy-Bewegung berühmt gewordenen, durchaus fragwürdigen Guy-Fawkes-Masken in Fußgängerzonen und auf anderen belebten Plätzen in Würfelform auf und halten Notebooks oder Tablets vor sich, auf denen Videos aus Schlachthöfen, Pelztierfarmen und Biohühnerställen laufen; andere halten Schilder mit der Aufschrift »Truth« oder »Wahrheit« hoch. Bleiben Vorüberkommende länger stehen und sehen sich die Videos an, sprechen Aktivistinnen im sogenannten Outreach sie an und klären über die Zustände in den modernen Tierfabriken auf.

Nach einer 24 Stunden dauernden Großaktion Ende Juni 2018 auf dem Berliner Alexanderplatz mit rund 1.000 Teilnehmerinnen fand im Juli 2019

---

170 Hans Rosling: »Mythos Überbevölkerung«. In: ZDF info, Erstausstrahlung 3.5.2014, hier: Minute 14:30.

in New York ein weiteres Großevent statt, bei dem über eine Woche lang Aktionen liefen. Weltweit existieren nach Angaben der Organisation inzwischen rund 1.000 lokale Gruppen (Chapter), 74 davon in Deutschland (Stand: Oktober 2019), mit steigender Tendenz.[171] Die Gruppe hat nichts mit dem Hackerkollektiv Anonymous zu tun. Ihr Name und ihr Auftreten sind jedoch augenscheinlich daran angelehnt; die beiden Frontfiguren Paul Bashir und Asal Alamdari sind äußerst präsent und keineswegs anonym. Der Zusatz »for the Voiceless«, also: für die Stimmlosen, nimmt Bezug auf eine in der Tierrechtsszene geläufige Idee, der zufolge Tiere Anwältinnen benötigen, die in ihrem Sinne anklagen, (ver)handeln und aktiv werden. Dass Tiere tatsächlich keiner Sprache mächtig sind, die eine speziesübergreifende Kommunikation über abstrakte Begriffe wie Freiheit ermöglichen könnte, kommt den selbsternannten Anwältinnen gelegen. Denn so ist es den Vertretenen unmöglich, das Mandat aufzukündigen oder mit den Anwältinnen über Strategien und *dos and don'ts* zu diskutieren.

Alamdari und ihr Partner Bashir haben sich das medial und vermutlich auch finanziell erfolgreiche Projekt, dessen Facebook-Seite mit rund 170.000 Likes eine große Reichweite aufweist und weiterhin wächst, unter den Nagel gerissen, ihre früheren Kompagnons rausgeschmissen und posieren auf ihren Facebook-Profilen für AV-Merchandise. In ihrer australischen Heimat haben sie AV zunächst als Gewerbe eintragen lassen. Erst seit dem 15. Dezember 2018 ist AV im Charity-Register der australischen Regierung erfasst.[172] Was mit den Einnahmen aus dem Shop und den Spendengeldern passiert, ist allerdings unklar. Es gibt nach wie vor weder öffentliche Rechenschaftsberichte noch Jahresabschlüsse; auf eine Presseanfrage zur Verwendung der Gelder erhielt ich zuerst gar keine, ein Jahr später eine ausweichende Antwort. Den ersten Jahresabschluss verlangt die Registrierungsstelle erst zum Stichtag 31. Dezember 2020, da es sich um ein neu eingetragenes gemeinnütziges Unternehmen handelt. Die Fans kümmert die Intransparenz wenig, sie verehren und verteidigen das Aktivistinnenpaar, wie man es von Anhängerinnen kultischer Gemeinschaften kennt, und jubeln über »Bekehrungserfolge« durch die Cubes. Auf der englischsprachigen Website brüstet AV sich damit, durch die Aktionen bereits 400.000 Menschen veganisiert zu haben.[173] Dort erklärt

---

[171] Im Juni 2018 waren es noch 585 weltweit und 70 in Deutschland.
[172] Australian Charities and Not-for-profits Commission: Anonymous for the Voiceless, 15.12.2018, acnc.gov.au, Stand: 1.7.2019.
[173] Auch hier ist ein exponentieller Anstieg zu verzeichnen. In den ersten sechs Monaten seit Gründung sollen es rund 1.000 »Bekehrungen« gewesen sein; zwei Jahre später bereits über 125.000.

die Organisation auch, allein den Tieren zu dienen (»Everything our organization does depends on the needs of the animals who we serve«).[174]

In und zwischen den einzelnen Chaptern herrscht ein großes, jedoch fragiles Zusammengehörigkeitsgefühl. Dies drückt sich unter anderem in dem Begriff »fam(ily)« (auch: »vamily«) aus, den viele Aktivistinnen in Bezug auf AV verwenden.[175] Ehemalige Mitglieder berichten von mangelndem Mitspracherecht, extrem hierarchischen Strukturen, Kasernenhofatmosphäre, Schikane, Diskriminierung und Menschenhass.[176] Das verwundert kaum, denn Bashirs Vorbild ist Gary Yourofsky, einer der Päpste der veganen Tierrechtsbewegung. Yourofsky wünscht Pelzträgerinnen, brutal vergewaltigt zu werden, und Bashir betont, dass er dessen »Werte« für sich übernommen habe. Menschenrechtsfragen in der Tierrechtsarbeit zu berücksichtigen, findet Bashir frustrierend.[177] Er ist außerdem überzeugt, dass der »Tier-Holocaust« allein aufgrund des Zahlenverhältnisses ein größeres Verbrechen darstelle als die Vernichtung der europäischen Jüdinnen durch die Nazis.[178] Menschen, die den Holocaust-Vergleich ablehnen, sind in seinen Augen Speziesistinnen, die ihre Menschenrechtsagenda zu wichtig nähmen. Das Credo lautet: Vier Beine gut, zwei Beine schlecht. Überdeutlich machte Bashir diese Einstellung mit einem Meme, das er im März 2017 auf der AV-Facebook-Seite teilte: »Why test on animals when we have prisons full of pedophiles?« (»Warum Tierversuche, wenn die Gefängnisse voll mit Pädophilen sind?«) Zwar erntete er für seinen Vergeltungswunsch Kritik und musste das Posting bald von der Seite löschen. Während einer Fragestunde in Berlin hat er seinen Wunsch, Mörderinnen, Vergewaltiger und Pädophile als Versuchskaninchen zu missbrauchen, jedoch noch einmal bekräftigt.[179] Nahezu alle Versuchstiere werden, nachdem sie »verbraucht« sind, getötet. Tierrechtsaktivistinnen wissen das. Bashir und seine Jüngerinnen befinden sich in bester Gesellschaft. In einem Whatsapp-Gruppenchat der Jugendorganisation der

---

[174] Anonymous for the Voiceless: »Your Donation Matters«. In: anonymousforthevoiceless.org, Stand: 1.7.2019.
[175] Vgl. Kai Blekker: »Anonymous for the Voiceless. Chancen und Kritik aus der Tierbefreiungsperspektive«. In: »Tierbefreiung« 99 (Juni 2018), S. 74–78, hier: S. 75.
[176] Liberation is Inclusive: »#truthofcube«. In: facebook.com/liberationisinclusive, 9.7.2018, Stand: 17.10.2019.
[177] George Martin / Paul Bashir: »Intersectional Hypocrites«. In: youtube.com, 23.10.2016, Minute 3:20. Stand: 20.7.2019.
[178] Paul Bashir / Isaac Brown: »Weighing-In on Vegan In-Fighting with Ask Yourself«. In: youtube.com, 16.3.2018, Minute 50:55, Stand: 17.1.2019.
[179] Paul Bashir / Asal Alamdari / Dennis Michaelis u. a.: »Workshop for our 24-Hours of Truth event tomorrow!« In: facebook.com/anonymousforthevoiceless, 22.6.2018, Minute 1:48:30, Stand: 17.1.2019.

AfD (Junge Alternative) forderte eines der Mitglieder: »Wir sollten Tierversuche stoppen und Flüchtlinge dafür nehmen.«[180]

Von mehreren deutschen Würfel-Organisatoren ist bekannt, dass sie kein Problem mit Nazis bei ihren Veganisierungsaktionen haben beziehungsweise selbst faschistisches, rassistisches oder sexistisches Gedankengut teilen.[181] Organisator Magnus Radke zum Beispiel hängt konservativen Geschlechterrollen an und macht sich über Transgender lustig. Er hält es für möglich, dass Intelligenzquotient, Aggressionspotenzial, Impulsivität und psychische Gesundheit mit der Hautfarbe korrelieren. All das erfährt man auf seinem öffentlichen Facebook-Profil. Ein »Ben Schu« erklärt in einer Gruppendiskussion auf Facebook: »Also AV bietet erstmal jedem Menschen die Möglichkeit, an einem Cube teilzunehmen, sogar Fleischessern. Man hat sich entschlossen, politische Gesinnungen vorerst nicht zu bewerten, weil man jedem Menschen die Möglichkeit bieten möchte, einen Einblick in unsere Arbeit zu bekommen.«[182] Weiter betont der Wuppertaler Organisator, AV sei »unpolitisch mit dem primären Fokus auf Tierrechte«. Für »besorgte Bürger« hat »Schu« laut einer internen Quelle jedenfalls Verständnis, denn eine fehlende Obergrenze für die Aufnahme geflüchteter Menschen und das damit verbundene Aufeinandertreffen »kulturell unterschiedlich geprägter Menschen ... kann durchaus zu Problemen führen wie beispielsweise Frauendiskriminierung etc., worüber sich Menschen sorgen. Diese Menschen sind 1. nicht per se rechts, 2. nicht alle Menschenhasser und 3. durchaus gute und offene Tierrechtsaktivisten.« Wer »schlechte Erfahrungen« mit Geflüchteten gemacht hat, kann sich »Schus« Anteilnahme ebenfalls sicher sein. In einem »klärenden Gespräch« solle dann ausgelotet werden, wie tief das menschenfeindliche Gedankengut verankert ist – von jemandem, der eine fehlende Obergrenze für Menschen, die vor Krieg, Hunger und Tod fliehen, bemängelt? »Schu« gibt allerdings vorsichtshalber die Devise aus: »Äußerungen menschenverachtender Aussagen ist strengstens untersagt« (Fehler im Original). Bei AV muss man seinen Mitstreiterinnen also verbieten,

---

180 Kira Ayyadi: »›Tierversuche stoppen und Flüchtlinge dafür nehmen.‹ JA Niedersachen zu radikal für Mitglieder«. In: belltower.news, 6.7.2017, Stand: 17.1.2019.
181 Eine AV-kritische Aktivistin betonte bei einer Veranstaltung im Ruhrgebiet, dass dies nicht auf alle Organisatoren zutreffe und es bei AV auch vernünftige Menschen gebe. Nicht nachvollziehen konnte sie offenbar, dass es egal ist, ob es zwei oder drei öffentliche Organisatoren gibt, die keine rechten Inhalte teilen, denn die wiegen diejenigen, die es tun, eben nicht auf. Die Tatsache, dass sich dort überhaupt Rechte oder »Rechtsoffene« tummeln, ist ein deutliches Indiz dafür, dass mit dieser Bewegung etwas nicht stimmt.
182 Diskussion in der Facebook-Gruppe »Vreundschaft – Die Gruppe«, 10.2.2018, Stand: 5.4.2019.

menschenverachtendes Gedankengut offen zu artikulieren. Es drängt sich die Frage auf, was sonst passieren würde.

Andere (ausnahmslos männliche) Organisatoren haben verlauten lassen, dass sie die NPD nicht als Nazi-Partei einstufen, sondern dass es sich hierbei um eine »Grenzangelegenheit« handele, dass die AfD keine rassistische Partei sei und man sich in einer »Meinungsdiktatur« befände, wenn man AfDler von den Cubes ausschlösse. Auch Dennis Michaelis, bis Ende 2018 Kopf von AV Deutschland, zeigte wenig Berührungsängste mit Rechten. Über deren Integration bei AV schwieg er allerdings lieber. Hauptsache, man ist viele, und dafür kann man auch mit Rechten für die Tiere marschieren. Einen Organisator, der Neonazi-Propaganda verteilte und ein weibliches Mitglied mit antifeministischen Sprüchen zu diskreditieren versuchte, soll Michaelis verteidigt haben.[183] In einem im Oktober 2018 veröffentlichten Statement[184] lehnte er die Verflechtung von Veganismus und anderen politischen Themen ab; vegan soll »unpolitisch« über allem stehen, und das Problem sei nicht der Kapitalismus, sondern dass Tierhaltung profitabel ist im Kapitalismus. Dass der schlicht alles zur Ware macht, kommt bei Michaelis nicht vor. Er verteidigt ihn als das Wirtschaftssystem, das am meisten gegen Armut bewirkt habe. Und als weißer deutscher Mann hat er es nicht nötig und will auch von keiner Aktivistin verlangen, sich mit dem (Fort-)Wirken struktureller Diskriminierung zu beschäftigen, wofür man, wie Michaelis betont, Jahre der Theoriearbeit bräuchte, wozu er offensichtlich keine Lust hat. Man mag es dem Zufall zuschreiben, dass in seiner Aufzählung von Ismen, die es abzulehnen gilt, Rassismus, Sexismus und Ageism (Diskriminierung aufgrund von Alter) vorkommen, Antisemitismus jedoch nicht.

Brutales, aggressives, mörderisches Verhalten gegenüber Menschen scheint für Bashir und viele seiner Organisatoren nicht in Konflikt mit ihrer vorgeblichen Empathie für Tiere zu stehen. Der Sozialwissenschaftler Wolfgang Pohrt kam Anfang der 1990er in seiner an Adornos *Studien zum autoritären Charakter* angelehnten Untersuchung *Der Weg zur inneren Einheit* über *Elemente des Massenbewusstseins* unter anderem zu dem Ergebnis, dass die Zustimmung zu der Aussage, Tierquälerinnen sollten härter bestraft werden, da sie sich gegen unschuldige Wesen vergingen, sowie die Zustim-

---

[183] Vgl. Tierrechtstreff Münster: »Statement zu unserem Banner«. In: facebook.com/notes/tierrechtstreff-münster, 18.8.2019, Stand: 28.8.2019.
[184] Dennis Michaelis: »I don't like the interweaving of veganism and other political topics«. In: facebook.com, 23.10.2018, Stand: 14.4.2019.

mung zu der Aussage »Manchmal sind Tiere die besseren Menschen« stark mit Sätzen korrelieren, die Pohrt zum »Zwang-, Neid- oder Strafsyndrom« zählt.[185] Veganerinnen sind Repräsentantinnen der Unschuld, deshalb ist die vegane Identität beziehungsweise die als Anwältin der Tiere so attraktiv. Je unschuldiger das Opfer, desto unbarmherziger lässt sich zu seiner Verteidigung zuschlagen.

Ein kurzer Exkurs zur ebenfalls streng hierarchisch aufgebauten, ebenfalls international tätigen Organisation Direct Action Everywhere (DxE) offenbart weitere Abgründe »unpolitischer« Tierrechtsarbeit. Die Führungsriege (»the core«) der in Berkeley (Kalifornien) ansässigen Organisation schmückt sich nach außen mit Frauen und People of Color, die tatsächlich jedoch unterrepräsentiert sind und lediglich einem intersektionalen[186] Image dienen. Zu sagen haben sie nichts, ihre Anliegen scheinen Gründer Wayne Hsiung nicht zu interessieren. Ehemalige DxE-Mitglieder beklagen Hypermaskulinität und berichten von Rassismus, Sexismus und Täterschutz von oben. Sie betonen, dass es sich dabei um ein strukturelles Problem handle.[187] Hsiung nahm unter anderem einen Organisator aus seinem engsten Kreis in Schutz, der zugegeben hatte, diverse Sexualstraftaten begangen zu haben. Inzwischen ist dieser dort nicht mehr aktiv. Einen anderen übergriffigen Mann verteidigte Hsiung als »guten Aktivisten«. Kommt es zu einem Vorfall, wird der Beschuldigte zu einem persönlichen Gespräch mit Hsiung gebeten, dessen Inhalt geheim bleibt. Da dieser selbst sich vor einer Gruppe männlicher Mitstreiter mit seinen sexuellen Übergriffen gegenüber Frauen während seiner Collegezeit brüstete, ist über solche Gespräche Schlimmes zu vermuten. Auf zahlreichen seiner öffentlichen Facebook-Profilbilder sieht man Hsiung in liebevoller Pose mit niedlichen geretteten Tieren.

---

185 Wolfgang Pohrt: *Der Weg zur inneren Freiheit. Elemente des Massenbewusstseins. BRD 1990.* Hamburg 1991, S. 250.
186 Intersektionalität soll verschiedene Diskriminierungsformen in einer Person beschreiben. Dabei bleibt sie gezwungenermaßen unvollständig beziehungsweise läuft Gefahr, belanglos zu werden, wenn alle möglichen Kategorien denkbarer Diskriminierung gleichwertig nebeneinanderstehen (neben die »klassischen« Diskriminierungen treten dann etwa Kultur, Gesundheit, Alter, Attraktivität, Besitz oder Religion) und schlussendlich die von allen diskriminiert werden. Chris Hammermann hat zudem darauf hingewiesen, dass »die intersektionale Begriffsbildung ... anfällig für antisemitische Ressentiments [ist]. Antisemitismus wird in diesem Kontext meist unter Rassismus subsumiert, dieser aber primär als auf Hautfarbe bezogen gedacht. Antisemitismus fällt so komplett aus dem Blick. Europäische Juden gelten dann als weiß, Araber als farbig, und Zionismus kann so nicht als jüdische Befreiungsbewegung begriffen, sondern muss als rassistische Herrschaft Weißer gedeutet werden.« Chris Hammermann: »Campus Wars«. In: »konkret« 4/2016, S. 34 f., hier: S. 35.
187 Anonym: »It's not intersectional, it's DxE. An exposé written by DxE's victims«. In: dismantledxe.wordpress.com, 16.9.2015, Stand: 7.8.2019.

Sexuelle Belästigung, Manipulation, Vergewaltigung, Revenge Porn und Victim Blaming sind offenbar keine Einzelfälle, wie mehrere veröffentlichte Statements belegen. Ehemalige weibliche Mitglieder schreiben, sie hätten das Gefühl gehabt, das Verhalten der Männer akzeptieren zu müssen, um mitmachen zu können.[188] Das Machtgefälle zwischen erfahrenen, älteren Organisatoren und ihren zumeist sehr jungen, weiblichen Opfern, für die DxE häufig der erste Kontakt mit Aktivismus war, ist offenkundig. Das sogenannte Konfliktlösungsteam habe sie nach den Vorfällen angewiesen, alles zu vergessen, einzusehen, dass sie auf der falschen Seite stünden, und ihnen eingebläut, die Marke DxE nicht zu schädigen. Drohungen, Verleumdungen und Ausschluss aus der Gruppe, von einigen Ehemaligen als Exkommunikation bezeichnet, folgten. Von der Leitung ist bekannt, dass sie Freundschaften mit Menschen außerhalb der Gruppe nicht gutheißt.

DxE ist ebenfalls in Deutschland aktiv. Bei der Berliner Gruppe wirkte der Querfrontaktivist und Pick-up-Coach Gérald Hägele mindestens bis 2017 mit. Die Organisation setzt demütigende Praktiken ein, wie Scientology sie anwendet, etwa Schmutzkampagnen und namentliche Verleumdungen über den internen E-Mail-Massenverteiler. (Ähnliches berichten ehemalige AV-Aktivistinnen.) Dass Männer auch aktivistische Zusammenhänge nutzen, um auf Frauenjagd zu gehen, ist in einer patriarchalen Gesellschaft nicht verwunderlich. Melanie Joy und Carol J. Adams, zwei der wenigen öffentlich vernehmbaren Frauen der veganen Tierrechtsbewegung, haben versucht, hiergegen Zeichen zu setzen.[189] Adams weist in ihrem Text deutlich auf die sektenhaften Elemente von DxE hin. An deren Beliebtheit scheint das bisher wenig gekratzt zu haben. Hier und im Fall von Anonymous for the Voiceless zeigt sich besonders drastisch, welche Konsequenzen die Parole »Hauptsache für die Tiere« hat.

»Unser Freiheitskämpfer Chico Guevara«: Über Täterinnen, Opfer und Projektionen

»Toleranz ist ein Selbstzweck. Dass die Gewalt beseitigt und die Unterdrückung so weit verringert wird, als erforderlich ist, um Mensch und Tier vor Grausamkeit und Aggression zu schützen, sind die Vorbedingungen einer

---

188 Ebd.
189 Carol J. Adams: »Why I am boycotting events if DxE is also an invited speaker«. In: caroljadams.com, 12.4.2019, Stand: 7.8.2019. Melanie Joy: »Sexism in the vegan movement«. In: proveg.com, Stand: 7.8.2019. Die deutsche Gruppe Tierfabriken-Widerstand hat im Juni 2018 eine kurze Zusammenfassung und eine Link-Sammlung zur Problematik publiziert. Siehe: tierfabriken-widerstand.org, Stand: 7.8.2019.

humanen Gesellschaft«,[190] stellte der Soziologe Herbert Marcuse 1965 in seinem Essay über »Repressive Toleranz« fest.

Marcuse schrieb den Text vor dem Hintergrund des Vietnam-Kriegs und der dräuenden Gefahr eines Atomkriegs zwischen den USA und der Sowjetunion. Seine Gedanken über eine Toleranz, die in Wirklichkeit Intoleranz bedeutet, lassen sich heute in mancher Hinsicht auf das »unpolitische« Gebaren eines Teils der Tierrechtsbewegung anwenden. In einer Diskussion über Querfrontbündnisse innerhalb der Bewegung entgegnete Christian Vagedes, Vorsitzender der Veganen Gesellschaft Deutschland, einigen Antifaschistinnen: »Ihr könntet mit Nationalisten in der Querfront stehen, ich nicht, weil ich als Liberaler keine Querfrontbündnisse eingehen oder fördern könnte.«[191] Zur Erinnerung: Vagedes hatte den szenebekannten rechten Querfrontler Gérald Hägele im Oktober 2016 auf seiner Tierrechtsdemo geduldet und dessen Anwesenheit mit seiner liberalen Einstellung gerechtfertigt. Im Mai 2017 publizierte er in seinem »Veganmagazin« einen Artikel über die »Hetzplattform« Indyvegan, in dem unter anderem die Extremismustheorie breitgetreten und für Verständnis für »das Teilen rechtsoffener Beiträge, die von den Teilenden oft gar nicht als solche interpretiert wurden«, geworben wird.[192] Mit Marcuse lässt sich feststellen: »Diese Art von Toleranz stärkt die Tyrannei der Mehrheit, gegen welche die wirklichen Liberalen aufbegehrten.«[193] Mit Leuten, die Menschenfeinde wie Hägele akzeptieren, während sie antifaschistische Arbeit zu delegitimieren versuchen, ist die Utopie eines »Dasein[s] ohne Furcht und Elend«[194] nicht zu erreichen. Marcuse betont: »Die Bedingungen, unter denen Toleranz wieder eine befreiende und humanisierende Kraft werden kann, sind erst herzustellen«,[195] und er streicht heraus: »Befreiende Toleranz würde mithin Intoleranz gegenüber Bewegungen von rechts bedeuten und Duldung von Bewegungen von links. Was die Reichweite dieser Toleranz und Intoleranz angeht, so müsste sie sich ebenso auf die Ebene des Handelns erstrecken wie auf die der Diskussion und Propaganda, auf Worte wie auf Taten.«[196]

---

190 Herbert Marcuse: »Repressive Toleranz«. In: Robert Paul Wolff / Barrington Moore / Herbert Marcuse: *Kritik der reinen Toleranz*. Frankfurt am Main 1966, S. 91–128, hier: S. 93.
191 Mira Landwehr: »Chef der Veganen Gesellschaft Deutschland vergleicht Diskutantin mit Roland Freisler«. (Punkt 5). In: facebook.com/mira.landwehr, 2.2.2017, Stand: 12.10.2019.
192 Gernot Münchmeyer: »Jutta Ditfurth und das ›Wimmern des Spargels‹«. In: »Veganmagazin« 5/2017, S. 54–58, hier: S. 57.
193 Herbert Marcuse: »Repressive Toleranz«, S. 94.
194 Ebd.
195 Ebd., S. 121.
196 Ebd., S. 120.

Dass die in der Tierrechtsbewegung weitverbreitete Toleranz gegenüber Intoleranz Rechtsextreme und Neonazis einlädt, zeigt besonders deutlich der Fall des verhaltensauffälligen Hundes Chico, der als Staffordshire-Mix zu den sogenannten Kampfhunden oder Listenhunden zählte, die als potenziell gefährlich eingestuft werden und für die in vielen deutschen Bundesländern besondere Haltungsvorschriften gelten. Vor allem im angelsächsischen Raum gelten die Tiere zwar auch als freundliche Familienhunde, bei entsprechender Konditionierung eignen sie sich jedoch ebenso gut als lebendige Waffe. Neonazis schätzen diese sehr kräftigen, bulligen Rassen, die ihrem Rudelführer treu ergeben sind und ihn bis aufs Blut verteidigen. Nach jahrelanger Untätigkeit der zuständigen Behörden biss Chico Anfang April 2018 seinen überforderten Besitzer und dessen Mutter tot und wurde nach tierärztlicher Untersuchung eingeschläfert. Sichtbar werden einerseits die Gewaltphantasien sowie das pervertierte Toleranzverständnis von Leuten wie Ruthenberg, andererseits die Präsenz von Neonazis in bestimmten tierrechtlerischen Kontexten.

Am 22. April 2018 findet in Hannover vor dem zuständigen Veterinäramt eine Mahnwache mit rund 80 Teilnehmerinnen statt. 300.000 Menschen haben zuvor eine Onlinepetition für den Hund unterzeichnet. Organisiert hat die Mahnwache Sebastian Glaubitz, selbst Besitzer von zwei Staffordshire-Terriern, der offenbar Kontakte ins Rotlichtmilieu pflegt, sich stolz zu den gewaltbereiten sogenannten Einprozentern der Rockerszene zählt und den Stil der Hells Angels nachahmt. Auf einen Arm hat er sich »Arbeit macht frei« tätowieren lassen; der Name der rechtsextremen Hooligan-Band Kategorie C ist ebenfalls in seine Haut gestochen,[197] und an seinem Kinn prangt das Ein-Prozent-Zeichen. Zwei weitere Tätowierungen am Hals verweisen auf seine Mitgliedschaft in der neonazistischen Vereinigung Brigade 8 (häufig: 28), die verschlüsselt auf das in Deutschland verbotene Netzwerk Blood and Honour hindeutet (BH = 28, zweiter und achter Buchstabe des Alphabets) und in enger Verbindung zur rechtsterroristischen Truppe Combat 18 steht. Er sei gekommen, um Chico »die letzte Ehre« zu erweisen. Weitere stark tätowierte Männer gruppieren sich um Glaubitz, einige tragen wie er mit neonazistischer Symbolik aufgeladene Körperbemalungen.

---

[197] Vgl. Matern Boeselager: »Bei der ›Mahnwache‹ für den Hund, der zwei Menschen getötet hat«. In: vice.com, Stand: 5.8.2019.

Guillermo Schwiete, ein Freund von Silke Ruthenberg, hat die Veranstaltung angemeldet und ruft ins Mikrofon: »Für uns ist Chico unser Held, unser Freiheitskämpfer, unser Chico Guevara.«[198] Schwiete will keinesfalls den Eindruck erwecken, anderes Leid, etwa das der »Kinder in Afrika« interessiere ihn und seine Mitkämpferinnen nicht, aber »wir können doch nicht für alle etwas tun«.[199] Mehrere Teilnehmerinnen bekunden ihr Verständnis für die »Verzweiflungstat« des Hundes, einige geben an, Tiere seien ihnen lieber als Menschen und sie empfänden keine Trauer für die Getöteten, für den Hund allerdings schon. Mehrfach wird das Tier als unschuldiges Opfer bezeichnet, auch in den sozialen Netzwerken und auf der Seite von AP.

Dort konnte man am 16. April einen bizarren Nachruf von Silke Ruthenberg lesen. Darin heißt es: »Dem Folteropfer und Opfer behördlichen Vollversagens wurde in einer höchst zweifelhaften Weise die Tötung seiner Folterknechte unterstellt, was im Fall des Falles als erweiterte Notwehr zu verstehen sein kann. Heute haben die Feudalherren in ihrer Allmacht das Folteropfer hingerichtet.«[200] Mit den Feudalherren meint Ruthenberg Vertreterinnen der Stadt Hannover, der tiermedizinischen Hochschule, des Tierheims und des Landwirtschaftsministeriums. Diese sollten zur Rechenschaft gezogen werden, und einen Tag darauf forderte Ruthenberg die »Todesstrafe für die Mörder von Chico«. Der Mordaufruf ist laut Facebook, wo AP den Text ebenfalls veröffentlicht hat, kein Verstoß gegen die Gemeinschaftsstandards der Plattform und steht weiterhin auf der AP-Seite. Tatsächlich erhielten Tierärztinnen und Behördenmitarbeiterinnen Morddrohungen, die Staatsanwaltschaft ermittelte. Immerhin war die überwiegende Zahl der 800 Kommentare zur Forderung von AP ablehnend, allerdings erhielt das Posting Hunderte überwiegend zustimmende Reaktionen in Form von Emojis und wurde mehr als 200 Mal überwiegend zustimmend geteilt. Einige wünschten den Verantwortlichen, qualvoll in der Hölle zu schmoren, und betonten, »die Bestien sind die Menschen und niemals ein Tier«.[201] »Die Unschuld wird ihm zur natürlichen Eigenschaft«,[202] erklärt Ole Nickel im Onlinemagazin »Distanz«. »Durch autoritäre Unterordnung und durch Idealisierung der

---

198 Zitiert nach: Félice Gritti: »Unser Held, unser Freiheitskämpfer«. In: spiegel.de, 23.4.2018, Stand: 5.8.2019.
199 Ebd.
200 Silke Ruthenberg: »Chico – ein Nachruf / ein Aufruf«. In: facebook.com/animalpeace, 16.4.2018, Stand: 5.8.2019.
201 Ebd.
202 Ole Nickel: »Tierliebe und Menschenhass«. In: distanz-magazin.de, 15.5.2018, Stand: 5.8.2019.

Unmündigkeit von Kindern und Tieren« gerate »die Freiheit des Einzelnen ... zur Bedrohung, derer sich der Einzelne erwehren muss«, so Nickel weiter. Im Fall der Liebe zum Tier hat man es nicht wie bei der pathischen Projektion nach Sigmund Freud mit unerträglichen negativen Persönlichkeitsanteilen zu tun, die negiert und übertragen werden müssen, sondern hier werden positive, wünschenswerte, im besten Sinne menschliche Charaktereigenschaften abgespalten, um sie überhaupt zulassen und ausleben zu können. So posiert Glaubitz schmusend und Küsschen gebend mit seinen Kampfhunden. Er nennt sie seine »Mädels«, und seine Onlinekontakte reagieren mit Herzchen-Emojis.

US-amerikanische Wissenschaftlerinnen kamen 2013 in einer psychologischen Studie zu dem Ergebnis, dass erwachsene Menschen verglichen mit Kindern oder Tieren von den befragten Personen als am wenigsten schützenswert eingestuft werden.[203] Die Identifikation mit dem tierischen Opfer als Personifizierung der Unschuld und der aufopferungsvolle Einsatz für seine Rechte soll unschuldig, rein, erhaben machen, lässt sich vermuten. Das Tier straft und bewertet nicht, es enttäuscht und betrügt nicht. Leo Fischer, ehemaliger Chefredakteur des Satiremagazins »Titanic«, formuliert den Verdacht, dass die Liebe zum Tier eine unechte sei. »Was man an sich selbst und dem Mitmenschen vermisst – Treue, Stärke, Selbstbewusstsein, Erlebnishunger, emotionale Intensität –, wird dem Tier eingeschrieben und aufgedrängt.«[204] Auch Fischer betont den projektiven Aspekt. Letztlich verdecke die Tierliebe Herrschaftsbedürfnisse, denn man bewundere

die vermeintlichen Charaktereigenschaften des Tiers ja gerade unter dem Signum ständiger Gewalt: Ein Geschöpf, das man im Zweifel jederzeit straflos töten kann, wird noch so enthemmt und anmutig durch die Wohnung toben, frei ist es dadurch noch lange nicht. In der Verschiebung des eigenen Freiheitsstrebens vom Halter auf das Tier wird immer schon das Machtverhältnis tradiert: Man liebt am Tier, dass es frei scheint inmitten absoluter, tödlicher Abhängigkeit; ein Verhältnis zur Macht, das die Menschen selbst gern für sich hätten. In letzter Konsequenz lieben sie nicht das Tier, sondern die Kette, an der es hängt.[205]

---

203 Anonym: »Mitleid: Hunde und Kinder zuerst«. In: scinexx.de,12.8.2013, Stand: 1.10.2019.
204 Leo Fischer: »Katzenfotos und Polizeigewalt«. In: neues-deutschland.de, 8.12.2017, Stand: 5.8.2019.
205 Ebd.

Nachdem Ende Juni 2019 die Sea Watch 3 mit 43 aus Seenot geretteten Geflüchteten der mörderischen EU-Gesetzgebung zufolge illegal in den Hafen von Lampedusa eingefahren war, veröffentlichte Ruthenberg ein Pamphlet mit dem reißerischen Titel »Ein Schiff voller Tierfresser«.[206] Mit den »Tierfressern« meint sie die Geretteten, denen sie pauschalisierend unterstellt, in ihren Ländern wäre »das Abmetzeln von Tieren in aller Öffentlichkeit völlig normal«, und daher sei Empathie für diese Menschen fehl am Platz. Ruthenberg betont anschließend erneut, dass sie von Links-Rechts-Schemata nichts hält und man im Sinne der Tiere mit allen politischen Akteurinnen zusammenarbeiten müsse. Das Pamphlet endet pathetisch und größenwahnsinnig mit den Worten: »Millionen und Abermillionen Tote und Folteropfer erwarten von uns die Treue und die Ehrung des Mandats, das wir für sie übernommen haben. Diese Position ist zu groß, größer als wir alle, als dass wir zulassen dürfen, dass sie vereinnahmt wird für eine andere Agenda. Wer anders als wir sollte es sonst tun?«

Die 50 Kommentare dazu sind durchweg zustimmend. Einer lautet: »Den Wert von Leben, Freiheit und Unversehrtheit dürfen wir Tierschützer (eigentlich) nur auf die Tiere beziehen. Das ist unsere Aufgabe. Dieses aber auf die Fressfeinde zu übertragen ist Täterschutz. Gerne darf sich jeder seine Lobby suchen, ich kann aber nicht für Täter und Opfer gleichermaßen sein, das ist ein Circulus vitiosus.« Eine andere Tierrechtsanwältin erklärt: »Sich für Tiere einzusetzen ist hochpolitisch und unsere Aufgabe. Das ›Menscheln‹ können andere übernehmen. Da gibt es genug Möglichkeiten. Tiere haben keine Lobby, Menschen haben alles. Müsste ich wählen, entweder ein Schwein oder einen Menschen vor dem Ertrinken zu retten, würde ich das Schwein wählen.«

Die Zustände in den Tierfabriken sind abscheulich, die Zahl und die Qualen der tierischen Opfer der kapitalistischen Akkumulation übersteigen das Vorstellungsvermögen. Man muss den zentralen Opferbegriff, den Tierrechtsanwältinnen regelmäßig verwenden, allerdings näher betrachten. Immer geht es um ein reines, unschuldiges Opfer. Ihm wohnt etwas Heiliges, Unantastbares inne; das Opfer-Sein ist ihm inhärent, eingeboren. Opfer sein und Hilfsbereitschaft erwarten darf das Tier allein. Menschen hingegen, die vor Hunger, Vertreibung und/oder Krieg fliehen, können keine Solidarität erwarten – im Gegenteil, sie werden rundweg zu Täterinnen in einem vor-

---

[206] Dieses und die folgenden Zitate stammen aus Silke Ruthenberg: »Ein Schiff voller Tierfresser«, a. a. O.

bürgerlichen, antidemokratischen Sinne erklärt, der sie recht- und schutzlos macht. Die Bestrafung übernimmt eine rächende Natur, die für tödliche Gerechtigkeit sorgt, indem sie den Stier den Bauern aufspießen und die Flüchtenden ertrinken lässt.

Über den mit vorgeblicher Tierliebe kaschierten Menschenhass schrieben Max Horkheimer und Theodor W. Adorno im Fragment »Mensch und Tier« in der *Dialektik der Aufklärung*. Darin betonen sie, dass das Tier dem »faschistischen Schlächter« dazu dient, Menschen zu erniedrigen. Die »Barmherzigkeit gegen Tiere« sei ein bloßer Deckmantel. »Voraussetzung der Tier-, Natur- und Kinderfrommheit des Faschisten ist der Wille zur Verfolgung. Das lässige Streicheln über Kinderhaar und Tierfell heißt: Die Hand hier kann vernichten. Sie tätschelt zärtlich das eine Opfer, bevor sie das andere niederschlägt, und ihre Wahl hat mit der eigenen Schuld des Opfers nichts zu tun.«[207]

Nun sind die wenigsten Tierrechtsanwältinnen faschistische Schlächterinnen. Die »Barmherzigkeit« gegen Chico, die angebliche Aufopferungsbereitschaft für die Sache der Tiere korrespondieren jedoch direkt mit unverhohlenem Menschenhass. Chicos Anwältinnen ging es nie um den realen Hund. »Kleiner Engel«, »armer Listi« (Verniedlichung von Listenhund), »süßer Schatz« und weitere alberne Babynamen geben sie dem verwahrlosten Tier in Onlineforen. An seinem Todestag werden Kerzen angezündet, Tränen fließen, Wut und Trauer sind grenzenlos. Die menschliche Tragödie der Geschichte interessiert die Hundeliebhaberinnen nicht, die Getöteten seien selbst schuld und hätten ihre gerechte Strafe dafür erhalten, dass sie den Hund nicht richtig erzogen und schlecht behandelt haben. Von einem wilden Hund totgebissen zu werden, muss entsetzliche Schmerzen bereiten; das ist ein grausamer Tod, den niemand verdient hat. Doch Chico sei »null aggressiv« gewesen, konstatieren die Hundeexpertinnen per Ferndiagnose.[208]

Was wird da kompensiert? Warum wird gerade ein unberechenbares Tier wie Chico zum Inbegriff des unschuldigen Opfers? »Je mörderischer ein Tier zu sein scheint, desto größer muss das Herz desjenigen sein, der es begnadigen will«, meint Alard von Kittlitz in der »Zeit«.[209] Freilich sind die Herzen nicht groß genug für die Kinder in Afrika oder die Leidensgeschichte der getöteten Mutter, die von einem brutalen Angriff ihres Exmannes eine halbseitige Lähmung davongetragen hatte, fortan auf einen Rollstuhl ange-

---

207 Horkheimer / Adorno: *Dialektik der Aufklärung*, S. 269 f.
208 Vgl. Alard von Kittlitz: »Hundeleben«. In: »Die Zeit« 17/2018, 18.4.2018.
209 Ebd.

wiesen war und drei ihrer vier Kinder in Obhut geben musste, weil sie sich nicht mehr um sie kümmern konnte. Bedürfen Menschen nicht der Hilfe, haben sie kein Mitgefühl verdient? Die »Anwältinnen«, die die auserkorenen Opfer lediglich in ihrer Funktion wahrnehmen und nicht als Individuen, sind emotional kalt. Chico wird zum doppelten Opfer; zuerst als Opfer der Umstände seiner unangemessenen Haltung und schließlich durch die moralische Instrumentalisierung. Die Kondolenz in Form von Gewaltandrohungen und Mordaufrufen dient der Kanalisation von Aggressionen, der Triebabfuhr und Schuldabwehr.

Das idealisierte Tier als Projektionsfläche begegnet auch in irgendwie linken Zirkeln. »Frieda: Wenn ein Rind für Freiheit kämpft« ist ein Artikel in Ausgabe 98 der Zeitschrift »Tierbefreiung« überschrieben, die ich im nächsten Kapitel eingehender vorstelle.[210] Es geht um eine Kuh, die es »aus eigener Kraft« auf einen Lebenshof geschafft hat. Die Tiere leben hier nicht zweckfrei, sondern als lebendiges Anschauungsmaterial, wie ein Leben »in Einklang« mit den Nutztieren bis zur erhofften Überwindung ihrer Ausbeutung aussehen kann. Das tut ihnen nicht weh, und ob Fotos oder Videos von ihnen ins Internet gestellt werden, dürfte ihnen egal sein. Es spricht wenig dagegen, ihnen Namen zu geben und sie dadurch aus der Anonymität der Millionen gemarterter Tierkörper herauszulösen. Hochemotional geht es aber in den Geschichten über Nutztiere zu, die durch glückliche Umstände der physischen Verwertung entkommen sind. Dabei erfährt man mitunter Wissenswertes über das Verhalten dieser Tiere in relativer Freiheit; es begegnet einer allerdings viel Hanebüchenes: übertriebene Vermenschlichung inklusive gegenderter Tiere (»Leidensgenoss*innen«),[211] religiöse Unterfütterung, homöopathische Behandlungserfolge.

Der Text von Meiko ist ein typisches Beispiel für das stark vermenschlichte Bild vom Tier: Die Kuh Frieda sei ein »tapfere[s] Mädchen«, habe sich »ihren Frieden ... erkämpf[t]« und außer sich selbst noch ein »kleines Wesen, das in ihr heranwuchs«, gerettet. Kalb Finja sei »Friedas ganzer Stolz«. Man muss sich vergegenwärtigen, dass man es mit einem Konstrukt zu tun hat. Der Text folgt einem weitverbreiteten Narrativ, das noch den Schimmer des realen Tiers hinter dem Bild unterläuft. Entlaufene Kühe sind keine Freiheitskämpferinnen, die die Ketten der Herrschaft gesprengt hätten; das Tier

---

210 Meiko: »Frieda: Wenn ein Rind für Freiheit kämpft«. In: »Tierbefreiung« 98 (März 2018), S. 90 f.
211 Dieses und alle folgenden Zitate aus: Ebd.

ist nicht das neue revolutionäre Subjekt, als das manche linke Tierbefreierinnen es gern imaginieren. All dies sind Anekdoten, Wunschvorstellungen, Projektionen. Nichts davon wird den realen Tieren gerecht, es verstellt vielmehr den Blick auf ihre tatsächlichen Belange. Aus ihrer Warenform sind die Tiere damit noch lange nicht befreit.

Die Zeitschrift »Tierbefreiung« und die Befreiung von den Rechten

Die Zeitschrift »Tierbefreiung« erscheint im Dreimonatsrhythmus nach eigenen Angaben in einer Druckauflage von etwa 2.000 Stück, wovon die Mehrzahl auf Mitglieds- und Abonnementexemplare entfällt. Die Macherinnen bezeichnen das Heft als »das Magazin der Tierrechtsbewegung«. Die Ausgabe 98 vom März 2018 steht als Schwerpunktheft unter dem programmatischen Titel »Rechte und rechtsoffene Strukturen zerschlagen!«. In zwölf Artikeln auf 40 Seiten soll es, so darf man vermuten, um ebendies gehen: rechte Strukturen in der Tierrechts- und Tierbefreiungsbewegung offenzulegen und zu zerschlagen. Die Hälfte der Artikel beschäftigt sich überwiegend mit historischen Aspekten wie dem deutschen Tierschutzgesetz von 1933 und dem Verhältnis der Nazis zu Tieren. Das ist wissenswert, und es ist wichtig, Kontinuitäten aufzuzeigen, allerdings gerät die Titelprogrammatik dabei häufig aus dem Fokus, und praktische Hinweise, wie man dem aktuellen Problem begegnen soll, sind kaum zu finden. Mehrere Beiträge sind zudem in weiten Teilen redundant. Ein umfassender Text zur historischen Einordnung wäre ausreichend gewesen und hätte mehr Raum für eine kontroverse Auseinandersetzung gelassen.

Informativ sind die Beiträge von Ina Schmitt[212] und Colin Goldner.[213] Schmitt allerdings macht es sich einfach, indem sie antiemanzipatorische Stereotype lediglich im Tierschutz- und Tierrechtsbereich erkennen will. Sie selbst zählt sich anscheinend zu den moralisch einwandfreien Tierbefreierinnen, deren Herrschaftskritik automatisch die »Ablehnung aller Diskriminierungs- und Unterdrückungsformen« beinhalte.[214] Auch Daniel Lau betont in seinem Artikel über »Dehumanisierung und Animalisierung als Herrschaftsstrategie«, dass »Tierbefreiung und andere Befreiungsbewegungen [sich]

---

212 Ina Schmitt: »Tierschutz – Nationales Merkmal der moralischen Überlegenheit. Entwicklung einer fortwährenden Kooperation«. In: »Tierbefreiung« 98 (März 2018), S. 6–13.
213 Goldner: »Der braune Rand der Tierrechtsbewegung«.
214 Schmitt: »Tierschutz«, S. 13.

in einer Weise ausrichten [müssen], die eine Bekämpfung aller Formen von Unterdrückung möglich macht«.[215] Wie das praktisch aussehen soll, welche Methode(n) und Theorie(n) dabei angewendet werden können, erläutert er nicht. Bei Goldner geht es ausschließlich um extreme Rechte (vor denen mit Vehemenz gewarnt werden muss), dadurch kann jedoch der Eindruck entstehen, das eigentliche Problem sei überschaubar und betreffe, was schlimm genug wäre, lediglich einige wenige Rechtsextreme. Auch Tom Zimmermanns Artikel »Tierschutz im Nationalsozialismus« hinterlässt den Eindruck, dass nur »echte« Nazis in der Tradition Hermann Görings wirklich problematisch und gefährlich seien. Er gibt den Tipp, »Themen, die von Neonazis mit ihren Inhalten belegt werden, [mit] eigenen emanzipatorischen Inhalten« zu besetzen.[216] Hat man die Begriffe emanzipatorisch und befreit untergebracht, ist man anscheinend aus dem Schneider. Emanzipation und Befreiung wovon? Wodurch? Auf welcher theoretischen Grundlage? Mit welchen Allianzen? Darauf gibt es keine Antworten.

Im Intro zum Titelthema gibt Daniel Lau die Parole aus, Rechte und Rechtsoffene nicht auf Demos oder am Infostand zu dulden und keine Toleranz gegenüber Nazis zu zeigen, »nur weil sie sich für Tierrechte engagieren«.[217] Darin, und dass man gegen antiemanzipatorische Menschen in der Szene aufstehen und Veranstalterinnen, die solchen Menschen eine Bühne bieten, deren Ausschluss empfehlen solle, erschöpft sich der Aufruf. Nach »Zerschlagen« klingt das nicht, zumal einige Veranstalterinnen veganer Feste selbst Querfrontallianzen bilden. Wer mit wem am rechten Rand klüngelt, veröffentlichte über mehrere Jahre hinweg das mittlerweile stillgelegte Watchblog Indyvegan. Die Aufklärungsarbeit der Antifaschistinnen führte tatsächlich mitunter dazu, dass manche Festteilnehmerinnen sich von Veranstaltungen distanzierten. Viele, auch größere und bundesweit operierende Organisationen wie die Albert-Schweitzer-Stiftung oder Animal Rights Watch (Ariwa) schienen sich nicht für die Informationen zu interessieren. Indyvegan klärte unter anderem über Mira Riediger auf, die Vorsitzende des Kölner Vereins Vegane Powerfrauen ist, dort von 2014 bis 2018 verschiedene vegane Events organisierte (Sommerfest, Weihnachtsmarkt, Veganmarkt

---

215 Daniel Lau: »Dehumanisierung und Animalisierung als Herrschaftsstrategie«. In: »Tierbefreiung« 98 (März 2018), 38–40, hier: S. 40.
216 Tom Zimmermann: »Tierschutz im Nationalsozialismus«. In: »Tierbefreiung« 98 (März 2018), S. 19–23, hier: S. 23.
217 Daniel Lau: »Intro: Rechte und rechtsoffene Strukturen zerschlagen!« In: »Tierbefreiung« (März 2018), S. 4 f., hier: S. 5.

im angrenzenden Ahrweiler; letzterer wurde im August 2019 von Ariwa Koblenz übernommen) und nachweislich Verbindungen zur antisemitischen Mahnwachenbewegung um Jürgen Elsässer, Ken Jebsen, Andreas Popp und Lars Mährholz pflegt(e).[218] Dass es sich nicht um Einzelfälle handelt und die Inklusion von Rechten für Tiere von vielen Organisationen mindestens gebilligt, teils sogar forciert wird, sollte inzwischen deutlich geworden sein.

Drei der Texte des Schwerpunkthefts will ich näher untersuchen. Worin besteht ihr Erkenntniswert für die Auseinandersetzung mit den Problemen innerhalb der Szene? Was können sie dazu beitragen, rechte und rechtsoffene Strukturen in der Tierrechtsszene zu erkennen, zu benennen und schließlich zu bekämpfen? Welche Probleme benennen sie, welche reproduzieren sie selbst? Unter der Überschrift »Hitler und seine Hunde« nähert Jennifer Wölk sich dem Verhältnis des »Führers« zu seinen vierbeinigen »Begleiter*innen«. Im Text »Biozentrismus, Earth- und Non-Humans First« versucht Mirjam Rebhan nachzuweisen, dass »eine biozentristische [sic] Einstellung nicht zwingend menschenfeindlich und rassistisch ist«.[219] Schließlich soll ein Interview mit einem anonymen Aktivisten erhellen, wie der »Umgang mit Rechtsoffenheit in der Tierrechtsgruppe« aussehen kann.

Auf fünf Seiten zeichnet Jennifer Wölk in der »Tierbefreiung« ein Porträt Hitlers und dessen Beziehung zu seinen Hunden und betrauert die 30.000 Schäferhunde, die dem nationalsozialistischen Regime zum Opfer fielen. Mit Foxl, einem Terrier, der Hitler während des Ersten Weltkriegs im Schützengraben zugelaufen sein soll, beginnt die Geschichte. »Durch Foxl fand Hitler Gefallen an Hunden, doch der Verlust seines Terriers schmerzte so sehr, dass er sich danach zunächst keinen Hund mehr an seiner Seite wünschte.«[220] Es folgten die Schäferhundrüden Wolf und Muck und schließlich die berühmte Blondi: »1942, als sich der Krieg in die – für Hitler – negative Richtung entwickelte, wurde die Stimmung Hitlers immer schlechter, was wohl auch seine Parteifreunde bemerkten. Offenbar um Hitler zu ›trösten‹, schenkte man ihm einen Welpen: Blondi.« Während »man [in Auschwitz] etwa 1,5 Millionen Menschen auf grausamste Weise« umbrachte, sahen die Deutschen in der »Wochenschau« Hitler beim Spielen mit seinem Hund zu, echauffiert Wölk

---

218 Vgl. Indyvegan: »Veganes Sommerfest Köln. Rechtsoffene Veranstaltungspolitik und Abwehr«. In: archive.org, 9.9.2016, Stand: 26.5.2019.
219 Lau: »Intro«, S. 4.
220 Dieses und alle folgenden Zitate aus: Jennifer Wölk: »Hitler und seine Hunde. Wenn der beste Freund des Menschen zum Propagandamittel wird«. In: *Tierbefreiung* 98 (März 2018), S. 14–18.

sich. Die »schöne[n] Bilder von gemütlichen Spaziergängen und ausgelassenem Spielen mit dem Hund lassen einen nur schwer glauben, welch krankes Hirn in diesem Menschen schlummern musste«. Wölk erzählt schließlich den vermuteten Ablauf der letzten Tage im »Führerbunker« im voyeuristischen Stil einer »Spiegel«-Reportage nach. »Hitler war bei der Tötung Blondis nicht anwesend – er befand sich zu dem Zeitpunkt im Nebenraum und wollte die Tötung nicht mit ansehen. Als Blondi tot war, habe Hitler sich von seiner Hündin verabschiedet; dabei sei er kreidebleich gewesen. Anschließend soll er sich wortlos in seinem Zimmer eingeschlossen haben.«[221] Die »Bestie« war also doch empathiefähig.

Gleichzeitig mit der Bestialität reproduziert Wölk das Narrativ vom »Menschen Hitler« in bekannter Guido-Knopp-Manier. Wölk ist sich »sicher, dass Hitler seine Hunde liebte – auf seine eigene Art und Weise. Die Geschichte seines ersten Hundes Foxl ... ist rührend und wunderschön. Wüsste man nicht, welch grausamer Mensch Hitler war, man würde recht schnell in Versuchung kommen, Sympathien für ihn zu hegen.« Die kaum distanzierte Sprache, die Wölk verwendet, ihre unreflektierte Reproduktion propagandistischer Begriffe und Floskeln (Goebbels habe Hitler »in seinen schwersten Stunden nicht allein lassen wolle[n]«[222]) machen es in der Tat schwer, keine Sympathie für den tragischen »Führer« der Deutschen aufkommen zu lassen. Spricht sie von den Deutschen und/oder Nazis, verwendet Wölk auffallend häufig das Pronomen man. Nicht »man« ermordete sechs Millionen Jüdinnen. Deutsche haben das getan.

Wölk stellt Hitler als unberechenbares Tier, als »unbeschreibliche Bestie« dar, der gegenüber der kluge Hund Blondi steht, den die Autorin, den Historiker Wolfgang Wippermann zitierend, als »schlauer als viele Deutsche«[223] bezeichnet. Denn Blondi erkenne, so Wippermann, »das ist nicht der gute Mensch, das ist nicht der gute Adolf Hitler, sondern das ist ein böser Mensch, vor dem man Angst haben muss«. Hitlers Werben um Blondis »Liebe« sei unaufrichtig und daher zwecklos gewesen, Blondi habe dies gespürt und sie ihm daher bewusst entzogen. Der Hund wird, nicht zum ersten Mal, zum besseren Menschen erklärt. Hätten die Deutschen nur Blondis Durchblick gehabt, sie hätten wie sie erkennen können, was für ein »böser Mensch« Hitler in Wahrheit gewesen ist, und sich folgerichtig von ihm abgewandt.

---
221 Ebd., S. 17.
222 Ebd.
223 Wolfgang Wippermann: »Dogsworld«(Interview). In: daserste.de.

Wippermann sagt im selben Interview deutlich, er halte es für ausgeschlossen, dass Hitler tatsächlich so etwas wie Liebe für seine Hunde empfinden konnte. Der Historiker hält dessen vorgebliche Tierliebe für einen »Widerspruch in sich« und meint, Hitler habe sich lediglich als Hundefreund inszeniert. Auch den folgenden Gedanken Wippermanns unterschlägt Wölk: »Die Tiere, die Hunde waren geschützter als die Menschen, als die Juden, Sinti und Roma. Und das ist die Kehrseite dieser Tierliebe, der angeblichen Tierliebe der Nationalsozialisten. Hier ist Tierliebe mit Menschenverachtung gepaart, und das sollte uns auch eine Lehre sein, darüber nachzudenken, ob unser Verhältnis zu den Hunden, zu den Tieren generell, richtig ist.«[224] Warum geht Wölk auf diesen wichtigen Gedanken nicht ein? Wie kann sie vor dem Hintergrund dieser Ausführungen behaupten, Hitler habe den Hund aus dem Schützengraben »aus reiner Tierliebe aufgepäppelt«,[225] ohne dies zu hinterfragen? Was soll das sein, »reine Tierliebe«? Warum findet Wölk gerade die Geschichte um den Schützengrabenhund Foxl »rührend und wunderschön«? Warum hat sie gerade die Zitate aus dem Interview ausgewählt, in denen Wippermann, vermutlich bewusst übertreibend, um die Diskrepanz aufzuzeigen, einen Deutschen Schäferhund als widerständiger, als »schlauer« als viele Deutsche darstellt?

Wölks Hitler-Fixierung, die Pathologisierung und die Charakterisierung als »unbeschreibliche Bestie« tragen nicht dazu bei, die nationalsozialistischen Verbrechen begreifbar zu machen. Das Heft enthält mit den Beiträgen von Goldner, Schmitt und Zimmermann bereits drei Artikel zum Thema Tierschutz und Nationalismus, die auch die »Tierliebe« der Nationalsozialisten diskutieren und Wölk zum Teil widersprechen. Wölks Text trägt nichts Eigenes zum Titelthema bei, schlimmer noch: Sie kann sich nicht entscheiden, ob sie Hitler als Bestie betrachten oder doch menschlich »verstehen« will. Dabei fällt sie selbst auf das Propagandawerkzeug Tierliebe herein. Bei ihrem Versuch, das Tier rein zu halten, wiegt sie die angebliche Tierliebe Hitlers gegen seinen Menschenhass auf. Gleichzeitig hält sie das Tier von Schuld rein, indem sie es Hitler durchschauen lässt. Offenbar ist es die eigene Tierliebe, die Identifikation mit dem unschuldigen Tier, die der Autorin den Blick verstellt und sie zu einer verklärenden Darstellung bringt. Anscheinend geht es auch hier um Schuldabwehr. Der Spagat zwischen affirmativer Aneignung des

---

224 Ebd.
225 Wölk: »Hitler und seine Hunde«, S. 18.

Narrativs vom Tierfreund Hitler und notwendiger Distanzierung missglückt gründlich.

Eine Anmerkung: Die durchgehende Verwendung des Begriffs »Nationalsozialist*innen« nicht nur in Wölks Artikel, sondern nahezu im gesamten Heft, wirkt verstörend. Die Autorinnen und die Redaktion der »Tierbefreiung« scheinen sich nicht klar darüber zu sein, was das sogenannte Gendersternchen zum Ausdruck bringen soll. Möglich, dass sie die szeneübliche schriftsprachliche Geste schlicht unreflektiert übernommen haben. Der Asterisk dient als Markierung für gendersensible Sprache und soll bei Personenbezeichnungen die normative Zweigeschlechtlichkeit sprachlich aufbrechen helfen, indem er Raum für alle geschlechtlichen Identitäten bietet. Ausbuchstabiert bedeutet dies, dass man sich unter »Nationalsozialist*innen« schwule und lesbische Nazis, Genderfluid-Nazis, bi-, inter- und transsexuelle Nazis vorzustellen hat. Dass der nationalsozialistische deutsche Rassestaat auch Homosexuelle, insbesondere schwule Männer, verfolgte, ist bekannt. Die Verfolgung verstärkte sich nach der von Hitler angeordneten Ermordung des SA-Führers Ernst Röhm am 1. Juli 1934, dessen homosexuelle Neigungen in den Jahren vor 1933 vor allem von der oppositionellen Presse gegen die NSDAP vorgebracht worden waren. Von »Nationalsozialist*innen« zu sprechen, bedeutet, die ideologischen Grundlagen des deutschen Faschismus zu verkennen, insbesondere das Ideal der »arischen« Familie und die klar getrennten Geschlechterrollen für Männer und Frauen. Nicht nur Wölk schreibt von »treuen Begleiter*innen«, wenn sie Hitlers Hunde meint. Die Human-Animal Studies wenden den Gendergap konsequent und sinnentleert auch auf Tiere an, in ihren Schriften laufen Elefant_innen, Primat_innen und viele mehr herum.[226] Es scheint ein Indiz dafür zu sein, dass Theorien und Konzepte der eigenen beziehungsweise verwandter Szenen nicht richtig verstanden werden.

Mit einer Definition des Begriffs Ökofaschismus aus dem Antivegan-Wiki leitet Mirjam Rebhan ihren Artikel »Biozentrismus, Earth- und Non-Humans First« ein und wehrt die Kritik sogleich ab, da es sich bei diesem Wiki um keine seriöse Quelle handle. Dass der Eintrag nahezu deckungsgleich mit dem gleichnamigen Wikipedia-Artikel ist, erwähnt Rebhan nicht. Sie gibt

---

226 Vgl. Heiko Werning: »Im Reich der wilden Tierrechtler. Anmerkungen zur Kritik an Tierrechten und Human-Animal Studies«. In: Enrico Heitzer / Sven Schultze (Hg.): *Chimära mensura? Die Human-Animal Studies zwischen Schäferhund-Science-Hoax, kritischer Geschichtswissenschaft und akademischem Trendsurfing.* Berlin 2018, S. 118–144, hier: S. 119 f.

die Stoßrichtung vor: »Da sich die Tierrechts-/Tierbefreiungsbewegung als emanzipatorische Bewegung versteht, ist klar, wie unangebracht es ist, ihr Ökofaschismus vorzuwerfen.«[227] Bereits der Vorspann lässt vermuten, dass es Rebhan nicht um eine reflektierte Auseinandersetzung mit dem Ökofaschismusvorwurf geht, sondern vielmehr eine Verteidigung des ökozentrischen Ansatzes zu erwarten ist. Sie schließt die rhetorische Frage an, ob es »wirklich menschenfeindlich [ist], wenn die Interessen der menschlichen Spezies mal nicht an erster Stelle stehen«.

Rebhan bezieht sich großenteils auf den Politikwissenschaftler Christof Mackinger und dessen Schrift *Radikale Ökologie* und lobt mit ihm den Biozentrismus als Konzept, das »allem Lebendigen einen ethischen Eigenwert« zuspreche. Im Folgenden verteidigt Rebhan Paul Watsons Auslöschungsphantasien. Sie meint, das Internetportal Indymedia hätte in einem Artikel über Sea Shepherd behauptet, die Menschheit als Virus zu bezeichnen sei rassistisch. Rebhan kontert, da Rassismus ausschließlich Diskriminierung zwischen ethnischen Gruppen betreffe, könne die Menschheit als Ganze überhaupt nicht von Rassismus betroffen sein. Das ist formal richtig, wird dort jedoch gar nicht behauptet; Rebhan hat den Artikel falsch gelesen. Zu Recht wird dort Watsons umweltpolitisches Argument gegen Immigration aus wirtschaftlich schwachen Ländern nach Nordamerika als rassistisch bezeichnet. Rebhans Argumentation an dieser Stelle ist damit hinfällig. Es erscheint ihr offenkundig nicht als bedenklich, Menschen als Virus zu klassifizieren. Allerhöchstens »grenzwertig« seien »vielleicht einige Begriffe wie ›Abschaum‹ und ›Plage‹«, doch »aus der Wut heraus« hat sie sogar dafür Verständnis. Zu jeder bedenklichen Theorie der Tierrechts- beziehungsweise Tierbefreiungsbewegung geht Rebhan in Verteidigungsstellung. Sie betont, dass sie es »sinnvoll [fände], wenn sich die Population einer Spezies den Umständen anpassen würde. Es müssen also genug Platz und Nahrungsmittel vorhanden sein, damit alle ein gutes Leben führen können.« Warum aber ist dieses sehr erstrebenswerte gute Leben für alle nicht längst Realität? Rebhans Antwort: Der menschliche Egoismus ist schuld. »Die Existenzberechtigung von nichtmenschlichen Tieren, Pflanzen und unbelebter Materie liegt einzig darin, dem Menschen Nutzen zu bringen und ihm zu dienen.« Etwas modifiziert ergibt der Satz mehr Sinn: Die Existenzberechtigung von Menschen,

---

[227] Dieses und alle folgenden Zitate aus: Mirjam Rebhan: »Biozentrismus, Earth- und Non-Humans First. Wie menschenfeindlich ist es, Nicht-Menschliches zuerst zu bedenken?« In: »Tierbefreiung« 98 (März 2018), S. 34–37.

Tieren, Pflanzen und unbelebter Materie liegt einzig darin, dem Kapital Nutzen zu bringen und es zu vermehren.

Zwei weitere Ausformungen des Ökozentrismus, die sowohl innerhalb wie außerhalb der Szene kritisiert werden, nimmt Rebhan in Schutz. Es geht um die Earth-First-Bewegung und das jüngere 269-Life-Projekt. Rebhan zitiert aus einem Interview mit einem deutschen Earth-First-Aktivisten, der Ende der 1990er Jahre die Agenda der Organisation zusammenfasste: »Die Emanzipation aller Menschen und Tiere, die von sexistischer, rassistischer, ökonomischer, imperialistischer/kolonistischer [sic] und anderer Unterdrückung betroffen sind, stellt einen entscheidenden Bestandteil« ihrer Idee von Befreiung dar.[228] Die Vermengung so unterschiedlicher Unterdrückungsformen wirft die Frage auf, welche Tiere wohl sexistisch oder rassistisch unterdrückt wurden. Hier offenbart sich eine große Schwachstelle antispeziesistischer Ideologie. Die Bewegung sei »mittlerweile eindeutig progressiv und linksradikal positioniert«, zitiert Rebhan noch einmal Mackinger, ohne nähere Erläuterung, worin Progressivität und Linksradikalismus genau bestehen. »Inwieweit Biozentrismus oder eine Earth-First-Haltung als Ökofaschismus bezeichnet werden« können, hängt für sie »davon ab, wie beispielsweise eine Reduktion der Bevölkerung erreicht werden soll«. Wie stellen sich die Aktivistinnen von Earth First das heute vor? Zur Erinnerung: Einer der Begründer der Bewegung schätzt Dürrekatastrophen als »natürliche« Reduktion. Gibt es eine klare Distanzierung von David Foremans antihumaner Perspektive? Dazu schreibt Rebhan leider nichts; eine Internetrecherche liefert nicht mal eins der üblichen Lippenbekenntnisse. Immerhin lässt die Autorin in ihrem Schlussplädoyer anklingen, dass sie »Bauchschmerzen« bei der »praktische[n] Umsetzung« habe, sollte diese »mit Zwang einhergehen«.

269 Life entstand in Israel und nennt sich nach der Ohrmarkennummer eines männlichen Kalbs, das zur Schlachtung bestimmt war und davor bewahrt werden konnte. Mehr als tausend Aktivistinnen weltweit ließen sich symbolisch die Ziffern 269 tätowieren. Manche gingen so weit, sie sich mit einem heißen Eisen in die Haut brennen zu lassen, so wie mancher-

---

228 Deshalb gibt es auch auffällige Überschneidungen von Tierrechtsaktivismus und Antizionismus etwa bei der Hamburger Assoziation Dämmerung (ehemals Tierrechtsaktion Nord), den Schweizer Gruppen Tierrechtsgruppe Zürich und Tier im Fokus sowie ihrem gemeinsamen Bündnis Marxismus und Tierbefreiung. Israel gilt ihnen als kolonialistisch und rassistisch, und es scheint eine Nähe dieser Organisationen zur antisemitischen BDS-Bewegung zu bestehen. Siehe etwa Redaktion Audiatur: »Vegan-Washing. Wie der Antisemitismus die Tierrechtsbewegung unterwandert«. In: audiatur-online.ch, 12.10.2018, Stand: 8.10.2019.

orts Rinder gekennzeichnet werden. Im Zuge dieser »Solidaritätsbekundungen« verfassten Aktivistinnen eine Erklärung (»Non-Humans First Declaration«), die verlangt, »nichtmenschliche Tiere« moralisch an die erste Stelle zu setzen. Tierrechte hätten Vorrang vor Menschenrechten, und Minderheiten sind aufgefordert, ihre Kämpfe für gleiche Rechte hintanzustellen. Auch vom »Tier-Holocaust«, an den keine menschliche Krise heranreiche, ist die Rede.[229] All das ist Rebhan bewusst, und sie hält es durchaus für problematisch. Allerdings findet sie die Kritik daran, dass man es mit Vertreterinnen der Hauptsache-für-die-Tiere-Fraktion zu tun habe, falsch. Prinzipiell spreche nichts dagegen, sich in diesem Sinne zu engagieren, und Rebhan ist »immer wieder genervt davon«, wenn dies kritisiert wird. Sie versteht nicht, »wieso so viel Energie darauf verwandt wird, sich mit den Aktionen anderer auseinanderzusetzen, anstatt diese Energie gegen die Tierausbeutungsindustrie einzusetzen«.

Rebhans Grundannahme, dass es sich bei der fraglos (selbst)zerstörerischen Zurichtung der Welt um »Interessen der menschlichen Spezies« handle, ist falsch. Die überwiegende Mehrheit dieser Spezies hat weder ein Interesse daran noch einen Vorteil davon, die Erde und alles, was auf ihr kreucht und fleucht, auszubeuten und zu zerstören. Vor allem aber fehlen den meisten schlichtweg die Mittel, daran effektiv etwas zu ändern. Dass jenes dennoch geschieht, hängt mit der kapitalistischen Produktionsweise zusammen, die im Einzelnen zu erklären den Rahmen dieses Buchs sprengen würde.[230] Daher an dieser Stelle nur so viel: Ersetzte Rebhan den Menschen durch »das Kapital« könnte ihre Kritik an Substanz gewinnen. So liest sich der Text als unausgegorene Verteidigung einer Ideologie, die die Autorin nicht ernsthaft hinterfragt und deren menschenfeindliche Elemente sie bewusst kleinredet. Sie wünscht sich, dass »jede_r Einzelne sein [sic] Verhalten anpassen würde«. Mit der Einsicht in die Notwendigkeit einer ökologisch verträglichen

---

229 Dies ist besonders virulent, da es ein Anknüpfungspunkt für die unter den Freundinnen solcher Vergleiche verbreitete Auffassung ist, diese ließen sich insbesondere mit Verweis darauf rechtfertigen, dass sie von Überlebenden der Shoah oder, neuerdings, (jüdischen) Einwohnerinnen Israels unterstützt würden.
230 Andere sind dazu auch eher befähigt. Als Einstieg, der wenig Vorwissen erfordert, empfiehlt sich Michael Heinrichs *Kritik der politischen Ökonomie. Eine Einführung*. Über Veganismus als versagende Konsumkritik hat Maria Schulze in der »Tierbefreiung« 84 (Oktober 2014) einige kluge Gedanken notiert. Die Ausgabe ist im Onlinearchiv der Zeitschrift abrufbar: tierbefreiung.de. Am Beispiel der Kartoffelkapitalistinnen und der Bedingungen ihrer Kartoffelproduktion veranschaulicht ein Blogartikel auf kritischeperspektive.com den Zusammenhang und die Bedeutung einiger Marxscher Begriffe wie dem des Wertes, der Geldform, dem Wert der Arbeitskraft, der Entfaltung der Produktivkräfte und der Produktionssphäre.

Lebensweise ist es aber nicht getan, auch wenn sie das gute Gefühl gibt, etwas tun zu können und nicht mehr ganz so viel Elend zu verursachen. Die Rechnung geht nicht auf. Und für die meisten Menschen wäre eine solche Lebensweise, selbst wenn sie wollten, gar nicht praktikabel. Sich auszusuchen, was man essen und darüber hinaus konsumieren will und was nicht, ist Luxus und nur einem Teil der Weltbevölkerung überhaupt möglich. Die Veränderung der Gesellschaft durch Konsum ist illusionär. Solange die Produktionsverhältnisse unangetastet bleiben, wird es eher nur noch übler. Die Weltwirtschaft zu sozialisieren und zu kollektivieren ist freilich kein Akt, der sich mal eben am veganen Stammtisch erledigen lässt. Stattdessen formuliert Rebhan den naiven Wunsch, Tierausbeutung doch einfach zu verbieten. Es ist symptomatisch, dass auch sie zwar mit den Begriffen Emanzipation und Befreiung hantiert, jedoch anscheinend keine Idee hat, was Emanzipation bedeuten soll und wie eine befreite Gesellschaft vorgestellt und errungen werden kann. Die Verweigerung einer tiefgehenden Auseinandersetzung mit den Problemen der eigenen Szene, insbesondere so extremen Produkten des Menschenhasses wie Enthumanisierung und daraus resultierenden Ausrottungsphantasien, zeigt sich an Rebhans Verteidigung des Ökozentrismus und der Hauptsache-für-die-Tiere-Ideologie exemplarisch.

Ganze zwei Seiten des Hefts sind explizit dem eigentlichen Titelthema gewidmet: ein Interview mit einem Aktivisten, der beobachtet hat, wie 2015/2016 über mehrere Monate in einer (nicht genannten) Tierrechtsgruppe über die Rechtsoffenheit des Gruppenkoordinators (genannt A), der unter anderem engen Kontakt zum Querfrontler B gepflegt haben soll, diskutiert wurde, bis es schließlich zum Ausschluss kam. Namen oder Orte werden nicht genannt, wohl um sich nicht dem zu erwartenden Vorwurf der Denunziation auszusetzen. Im Vorspann wird betont, dass das Interview die »persönlichen Erfahrungen und Meinungen [des Interviewten] zu der Situation« wiedergebe und man nicht das Ziel verfolge, »den Verein zu diskreditieren«.[231] Um die Dimension abzuschätzen, wäre wenigstens dessen Nennung hilfreich gewesen. Man kann jedoch vermuten, dass es sich um eine größere, bundesweit agierende Organisation handelt, da sie mehrere Ortsgruppen hat und die Rede davon ist, dass der Verein stark gewachsen sei. Da der Interviewte selbst offenbar nicht Teil der Gruppe ist, kann er über einige Vorgänge inner-

---

[231] Dieses und alle folgenden Zitate aus: Mirjam Rebhan: »Umgang mit Rechtsoffenheit in der Tierrechtsgruppe. Fragen an einen Aktivisten«. In: »Tierbefreiung« 98 (März 2018), S. 32 f.

halb der Gruppe nur vom Hörensagen berichten. Obwohl selbst anonym, ist er betont vorsichtig in seinen Formulierungen. Es ist bedauerlich, dass die »Tierbefreiung« keine der Beteiligten für ein Interview gewinnen konnte, da man zu einigen Vorwürfen und Vorgängen gern den Standpunkt der Betroffenen gehört hätte. Das Interview führte Mirjam Rebhan.

Folgendes erfährt man über A: Zu seinen Social-Media-Kontakten gehören Rechte, Antisemitinnen, Verschwörungstheoretikerinnen. Auf seinem eigenen Profil teilt er öffentlich fremdenfeindliche und nationalistische Inhalte, die vorgeblich einen Tierrechtsbezug haben. A kann daher zur Hauptsache-für-die-Tiere-Fraktion gezählt werden. Er verharmloste ein Positionspapier von Pegida, das sein Freund B geteilt hatte, mit den Worten »so ganz unrecht haben sie ja nicht«. An Sekten findet A ebenfalls nichts Schlimmes. Zudem seien dies seine persönlichen Ansichten und seine »private Angelegenheit«, das habe nichts mit seiner Tierrechtsarbeit zu tun. A soll außerdem übergriffig gegenüber Frauen gewesen sein. Der Interviewte muss zugeben, »dass die Vorwürfe nicht so ganz ohne Hintergrund sind« und er nach eigener Recherche vieles davon bestätigen kann. Dennoch relativiert, verharmlost und entschuldigt er den Umgang mit A innerhalb der Gruppe: »Es waren ja sehr junge und ›unerfahrene‹ Aktive, die einfach was [für Tiere] tun wollten.«

A übernahm offenbar recht schnell die Leitung der Gruppe und lud zu Aktionen »alle ›Verfügbaren‹« ein. Die übrigen Mitglieder scheinen froh gewesen zu sein, dass A sich ihnen als Anführer anbot. Nachdem nach monatelangen Auseinandersetzungen (»A wurde vorsichtig auf seine Kontakte hin angesprochen«) und einer »Sensibilisierung« über Querfront und Rechtsoffenheit über die Ortsgruppe hinaus bekannt wurde, welche Verbindungen A hat, distanzierte sich der Vereinsvorstand. Jedoch nicht von A, sondern von der »Hetze« gegen A, indem er das vereinseigene Onlineforum schloss und jede weitere Diskussion unterband. Es sei »völlig irrelevant und uninteressant, was und wen er mit ›Gefällt mir‹ markiert« habe. Der Interviewte sieht durchaus ein Problem bei diesem »Mainstream-Aktivismus« und erklärt: »Diese Entwicklung sehe ich schon seit vielen Jahren und ... sie besorgt mich auch irgendwie.« Auf die Schlussfrage, was er Aktivistinnen raten würde, die es mit rechtsoffenen Positionen zu tun bekommen, weiß er keine Antwort. Er betont, dass es »extrem nervenaufreibend« für die Gruppenmitglieder gewesen sei und »halt auch vieles zerstört« habe, er es aber gut finde, »dass Leute da beharrlich geblieben sind und es angesprochen haben«. Die unkritische Interviewerin und der hilflose Interviewte bezeugen beispielhaft, dass diese

Bewegung ein immenses Problem mit »Rechtsoffenheit« hat und niemand weiß, was man dagegen tun soll. Eine kritische, konfrontative Auseinandersetzung findet nicht mal in der sicheren und anonymen Interviewsituation statt. Es ist offenbar ein Leichtes, »unpolitische« Tierrechtsgruppen zu beeinflussen und sich dort relativ rasch wichtige Positionen zu sichern. Besonders erschreckend ist, dass der Vereinsvorstand die Auseinandersetzung »von oben« beenden wollte und sich mit seiner Egal-Haltung gegenüber den politischen Ansichten von A als unfähig und unwillig erweist, selbst etwas anderes als Hauptsache-für-die-Tiere-Politik zu betreiben. Eine solche Bewegung muss sich die Frage stellen lassen, warum sie die Auseinandersetzung scheut und auf Kritik mit Verharmlosung, Redeverboten und Wegsehen reagiert.

Ein Kollege, mit dem ich während meiner Arbeit für den Lebenshof einen Infostand betreute, war begeisterter Ken-Jebsen-Anhänger, und er gab sein Okay, am Infostand Werbematerial für die damals regelmäßig stattfindenden Montagsmahnwachen auszulegen. Man muss sich diese Situation vor Augen führen: Ich wollte die Flyer entfernen, der Kollege begrüßte deren Inhalt. Vor dem Stand warteten interessierte Tierfreundinnen, denen wir etwas über das Konzept des Lebenshofs erzählen sollten. In so einer Situation diskutiert man nicht mal eben grundsätzlich darüber, warum man keine Werbung für antisemitische Verschwörungstheoretikerinnen machen sollte. Letztlich blieben die Flyer am Stand liegen. Wenn die/der Andere länger dabei ist, älter ist, ein engeres Verhältnis zur Chefin hat, »wichtigere« Aufgaben erledigt oder auch bloß ein Mann ist, kann es sehr schwer sein, sich überhaupt Gehör zu verschaffen. Bestehen Abhängigkeits- und/oder freundschaftliche Verhältnisse, erschwert das die notwendige Abgrenzung zusätzlich. Dennoch muss gerade dort eine klare Linie gezogen werden. Im Nachhinein bereue ich es sehr, damals nicht auf meinem Standpunkt beharrt und das Werbematerial entfernt zu haben und im Anschluss nicht in eine Auseinandersetzung mit den Betreiberinnen des Hofs gegangen zu sein.

Es gibt bundes- und landesweit Beratungsstellen gegen Rechtsextremismus. Tierrechts- und Tierbefreiungsaktivistinnen, die den Kampf für die Tiere als *einen* Bestandteil politischer Arbeit für eine bessere Gesellschaft für *alle* ansehen, sollten sich dringend mit solchen Expertinnen unterhalten, statt monatelang mit Rechten zu reden. Wer behauptet, ihr ginge es ausschließlich oder in erster Linie um die Tiere, ist mit einiger Wahrscheinlichkeit keine emanzipatorische Bündnispartnerin. Hier und da ein Bekenntnis gegen andere Diskriminierungen als den Speziesismus zu platzieren, reicht nicht, wenn deren Dynamik nicht verstanden wird. Die Theoriefeindlichkeit und die extreme Einengung des eigenen Blickfelds, die bereits Jutta Ditfurth anprangerte, die Reflexionslosigkeit und die erschreckende Hilflosigkeit in Bezug auf den Umgang mit Rechten sind gravierende Probleme und zeigen sich an den Beiträgen des »Magazins der Tierrechtsbewegung« exemplarisch.

»Keinen Meter den Nazis!« steht als Aufforderung am Ende des Intros der »Tierbefreiung«. Wer es ernst meint mit dem Schlachtruf, sollte selbstkritisch hinterfragen, wie man es mit der Nähe der eigenen Mitstreiterinnen nicht bloß zu Nazis à la Göring und Hitler hält. Das Schwerpunktheft der »Tierbefreiung« belässt es bei einer oberflächlichen Auseinandersetzung mit diesem wichtigen Thema und hat bis auf einige Plattitüden keine Hinweise zu bieten, wie dem Problem praktisch begegnet werden kann. Die Bilanz kann nur als enttäuschend bezeichnet werden. »Einige Betrachtungen über alte und neue Nationalsozialist*innen in der Tierrechtsbewegung« wäre ein passenderer Titel für die Ausgabe gewesen.

4. Schluss mit Veganismus?

Unterhalb der Räume, in denen millionenweise die Kulis der Erde krepieren, wäre dann das unbeschreibliche, unausdenkliche Leiden der Tiere, die Tierhölle in der menschlichen Gesellschaft darzustellen, der Schweiß, das Blut, die Verzweiflung der Tiere ... Dieses Haus, dessen Keller ein Schlachthof und dessen Dach eine Kathedrale ist, gewährt in der Tat aus den Fenstern der oberen Stockwerke eine schöne Aussicht auf den gestirnten Himmel.[232]
Max Horkheimer

60 Millionen Schweine werden jedes Jahr in Deutschland geschlachtet. 500.000 von ihnen wachen im heißen Brühbad wieder auf, weil sie nicht richtig abgestochen worden sind.[233] 13 Millionen dieser Tierkörper landen im Müll. Schweine sind neugierige Wesen und mindestens so klug wie Hunde, sie bilden feste soziale Gruppen und neigen außer in der lebensschädlichen Intensivtierhaltung nicht zu Kannibalismus. Pro Tier gewährt man 0,75 Quadratmeter Lebensraum in konventioneller Haltung und 1,5 Quadratmeter beim großzügigen Ökoverband Neuland.[234] Kühe laufen, wenn man sie lässt, bis zu 13 Kilometer täglich,[235] sie erkennen einander nach Jahren der Trennung wieder und rufen tagelang nach ihren Kälbern, nachdem man sie ihnen wenige Stunden nach der Geburt weggenommen hat. Bei den meisten Nutztieren handelt es sich um Qualzüchtungen. Puten können kaum auf ihren Füßen stehen, weil ihre Körper aus nichts als Brust bestehen. Viele »Milchkühe« leiden unter schmerzhaften Euterentzündungen (Mastitis) und fütterungsbedingten Stoffwechselerkrankungen. »Fleischrinder« wachsen so schnell und werden so schwer, dass sie permanent unter Klauengeschwüren leiden. Bei den übrigen Nutztieren sieht es nicht besser aus. Diese empfindungsfähigen Lebewesen leiden ihr kurzes Leben lang unter den Modifikationen, die Menschen ihren Körpern beigebracht haben. Der Lebenshof, für den ich eine Zeitlang arbeitete, will mit seinem Motto dagegen ein Zeichen setzen: »Denn Tiere sind keine Maschinen«. Die Arbeit dort ermöglichte es mir, »Nutztiere« kennenzulernen, ihr Sozialverhalten zu stu-

---

232 Max Horkheimer: *Notizen 1950 bis 1969 und Dämmerung. Notizen in Deutschland.* Frankfurt am Main 1974, S. 287 f.
233 Vgl. Sezgin: *Artgerecht ist nur die Freiheit*, S. 120.
234 Vgl. ebd., S. 162.
235 Vgl. ebd., S. 157.

dieren und ihre Individualität zu entdecken. Dafür bin ich dankbar. Kein Lebewesen sollte so leben müssen, wie es diesen Tieren zugemutet worden ist.

Das deutsche Tierschutzgesetz verbietet das Zufügen von »Schmerzen, Leiden oder Schäden« »ohne vernünftigen Grund«. Ist ein kurzer Gaumenschmaus ein hinreichend vernünftiger Grund, Tiere all dessen zu berauben, was ein ihrer Art entsprechendes Leben ausmacht? Die Tierwohlkampagnen der vergangenen Jahre sind ein Hohn, denn minimal größere Käfige bleiben vor allem eins: Käfige. Was Nutztiere erdulden müssen, würde man bei Hund oder Katze mit Recht als Tierquälerei bezeichnen. Der Wunsch, nicht am massenhaften Quälen und Töten teilzuhaben, ist nachvollziehbar.

Der Anteil der industriellen Nutztierhaltung am Ausstoß klimaschädlicher Gase beträgt laut der Ernährungs- und Landwirtschaftsorganisation der Vereinten Nationen 15 Prozent. Um ein Kilogramm Rindfleisch zu »erzeugen«, benötigt man 15.000 Liter Wasser und knapp zwei Kilogramm Kraftfutter, es werden 28 Kilogramm Treibhausgase freigesetzt. Zum Vergleich: ein Kilogramm Weizen benötigt circa 1.400 Liter Wasser, bei Kartoffeln sind es etwa 200 Liter Wasser. Ein Kilogramm Obst oder Gemüse bedeutet etwa ein Kilogramm Treibhausgase.[236] Indem Einzelne den Tierproduktekonsum aufgeben oder zumindest massiv einschränken, ist die Welt nicht gerettet, aber es ist ein Schritt in die richtige Richtung. Wer jedoch vom Kapitalismus nicht reden will, soll vom Veganismus schweigen. Denn eine Welt, in der alle gut leben können, ist allein durch die Änderung individuellen Konsumverhaltens nicht zu erreichen. Ich bin überzeugt, dass in dieser schwer vorstellbaren Gesellschaft, die nicht von den Interessen des Kapitals determiniert ist, sondern in der das Prinzip »Jeder nach seinen Fähigkeiten, jedem nach seinen Bedürfnissen« gilt, auch die Tiere ihren Wert an und in sich erhalten werden. Nicht automatisch und vielleicht nicht ohne Kämpfe, doch die Aussichten wären gewiss besser als im jetzigen System, das alles und alle – Umwelt, Tiere, Menschen – zur Ware deklariert.

Es ist richtig, sich gegen den Wahnsinn, der hinter geschlossenen Türen stattfindet, zu engagieren. Es ist wichtig, dass Leute über die Zustände in der Tierindustrie aufklären, und es ist legitim, wenn sie dabei Hausfriedensbruch begehen, um Material zu sammeln. Man kann, man sollte zornig

---

236 Vgl. Albert-Schweitzer-Stiftung: »Tierprodukte befeuern globale Erwärmung«. In: albert-schweitzer-stiftung.de, 7.12.2018, Stand: 1.10.2019.

werden. Aber es ist nicht und niemals legitim, sich dabei mit Menschenfeindinnen gemein zu machen. Menschen aufgrund der Tatsache, dass sie biologisch zu den Säugetieren zählen, (zurück) ins Tierreich zu definieren, wie es unter Tierrechtsaktivistinnen verbreitet ist, von menschlichen und nichtmenschlichen Tieren zu sprechen, führt nicht zwangsläufig zu einer Besserstellung der Tiere und birgt die ernstzunehmende und reale Gefahr, dass Menschen abgewertet, entindividualisiert und aus der menschlichen Gesellschaft ausgeschlossen werden. Das kann keine wollen, der es um universelle Rechte und Emanzipation geht. Folge solcher Degradierung waren zum Beispiel die exotisierenden Völkerschauen in Hagenbecks Tierpark. Die sich in den USA formierende Bewegung der Black Vegans insistiert, dass die weißen Veganerinnen keinen Begriff davon haben, was es für People of Color bedeutet, mit Tieren auf eine Stufe gestellt zu werden.[237]

Tiere anders zu behandeln als Menschen, bedeutet nicht zwangsläufig, sie schlechter zu behandeln oder ihre grundlegenden Bedürfnisse zu ignorieren und ihnen ein lebenswertes Leben zu verweigern. Die meisten Menschen, die ihr Leben bewusst mit Tieren teilen, können bestätigen, dass Katze Molli und Leguan Paul Individuen mit Vorlieben und Antipathien sind und keine austauschbaren Objekte.

Tiere dienen immer wieder als Projektionsfläche. Das kann die empathische Beziehung nicht nur kinder- oder partnerloser Menschen zu ihren Haustieren sein oder die Zuschreibung menschlicher Eigenschaften und Gefühle. Das kann aber auch der eigene Wunsch nach klaren Regeln in Partnerschaft und Familie sein, was wiederum auf die Gesamtgesellschaft übertragen wird. Diese Projektion zeichnet sich durch Regressivität und starre Geschlechterbilder aus, wie man sie aus unzähligen Naturdokumentationen von Bernhard Grzimek bis David Attenborough kennt, die immer dem gleichen Narrativ folgen: Mütter tun alles für den Nachwuchs, eine enge Mutter-Kind-Beziehung ist entscheidend für den Fortbestand der Art. Für die Männer heißt Leben insbesondere kämpfen und sich gegen Konkurrenten durchsetzen, als Belohnung lockt die Weitergabe der eigenen Gene, und ein brutaler Umgang mit der Partnerin gehört oftmals dazu. Patriarchale Strukturen lassen sich durch angeblich natürliche Zustände legitimieren.

---

237 Vgl. Sophie Reinwald: »Nicht in einen Topf«. In: »konkret« 11/2019, S. 47 f.

Die bürgerliche Gesellschaft erlaubt dem Haustier auf den ersten Blick eine aufgabenlose Existenz, eine Existenz an und für sich. Die Katze muss keine Mäuse mehr jagen, der Hund nicht mehr den Hof bewachen. Die Existenzberechtigung der domestizierten Haustiere liegt in ihrem Da-Sein für den Menschen, als Anschauungs- oder Liebesobjekt, als Projektionsfläche für unartikulierte Wünsche, Sehnsüchte, Hoffnungen. In ähnlicher Weise gilt dies für Wild- und Nutztiere. Die Einteilung von Tieren in Kategorien ist eine relativ junge Erscheinung. Eine Gleichzeitigkeit der Wahrnehmung des Tiers als das Andere und das Eigene lässt sich konstatieren. Das 20. Jahrhundert war gleichzeitig das Jahrhundert der Subjektwerdung des Tiers, seiner zeitweisen Erlösung aus der negativ besetzten Tier- und Triebhaftigkeit, wie auch seiner Transformation in eine warenproduzierende und sich selbst reproduzierende Maschine, die immer effektiver Milch, Eier, Fleisch, Wolle usw. herstellt.

Seit Charles Darwins Forschungen und der Entwicklung der Evolutionstheorie hat sich die Erkenntnis verbreitet, dass die Unterschiede zwischen dem Homo sapiens und seinen nächsten Verwandten eher gradueller und nicht qualitativer Art sind, wie jüngere ethologische Studien nahelegen. Die Anerkennung des Tiers als eines Anderen, das Subjekt eines Lebens ist, dessen Interessen nicht egal sind und das moralisch berücksichtigt werden sollte, sollte auch Teil einer umfassenden Herrschaftskritik sein. Ein Mensch-Tier-Verhältnis, das weder das Tier als Ware noch den Menschen als mit willkürlicher Macht über Leben und Tod ausgestattet kennt, gälte es anzustreben. Hilal Sezgin fordert »ein Ende der Subventionen für Tierbetriebe, eine Verschärfung der Gesetze zur Tierhaltung und eine Schließung der Schlachthöfe«.[238] Das klingt utopisch, und doch wäre es wohl einer von vielen Schritten auf dem Weg zu einer befreiten Gesellschaft. Herbert Marcuse hätte dem vermutlich zugestimmt. Dass gerade Veganismus und Antispeziesismus als *moral baseline* einer herrschaftsfreien Gesellschaft sich eignen, muss angesichts des Gezeigten allerdings angezweifelt werden.

Tiere können keine politisch handelnden Subjekte sein, sie können nicht für sich selbst sprechen, keine Rechte einfordern, sich nicht kollektiv gegen Ungerechtigkeit wehren und keine gesellschaftlichen Verträge mit den Menschen eingehen. Moralische Rechte für Tiere dürfen nicht isoliert betrach-

---

[238] Daphne Tokas: »Repressive Toleranz und Tierbefreiung. Zweiter Teil«. In: veganinfo.blog, 9.8.2019, Stand: 30.9.2019.

tet und gefordert werden. Was passiert, wenn um den Preis der Abwertung von Menschen Tiere aufgewertet werden, habe ich versucht, in diesem Buch anhand verschiedener, besonders gravierender Fälle zu zeigen. Dabei sticht eine gewisse Widersprüchlichkeit der Aussagen ins Auge. Wo eine Silke Ruthenberg ein Ende der Gewalt gegen Tiere fordert und gleichzeitig brutale Gewaltphantasien gegen die ihr verhassten »Nacktaffen« formuliert, heißt es, Stellung zu beziehen. Das Strafbedürfnis scheint auch bei Anonymous for the Voiceless und 269 Life[239] immens. Was dem Tier getan wurde, soll seinen Peinigerinnen widerfahren – Mordphantasien inbegriffen. Der Wunsch eines Paul Watson nach vorzivilisatorischen Zuständen und der Dezimierung der Weltbevölkerung hat eine lange Tradition. Wolfgang Pohrt charakterisiert den Tierschützer seiner Studie als einen »von den Hartgesottenen, seine Liebe zum Hund entspringt nicht dem Erbarmen mit der geschundenen Kreatur, sondern sie ist ihm nur einer von allerlei Vorwänden dafür, die geschundene Kreatur zu quälen, besonders dann, wenn sie auch noch menschliche Züge trägt«.[240]

Das Beispiel Ruediger Dahlkes hat die Affinität vieler Veganerinnen zu suspekten esoterischen Konzepten verdeutlicht. Die religiösen Züge, die der Veganismus annehmen kann, sind bemerkenswert und nicht ungefährlich. Sie offenzulegen und zu kritisieren, sollte man nicht allein Kirchenvertreterinnen und antiveganen Fleischfanatikerinnen überlassen. Und schließlich sind KZ-Vergleiche und die darin enthaltene Relativierung der Shoah entschieden abzulehnen. Dass es so schwierig ist, sich kritisch mit den Schwächen der eigenen Ideologie auseinanderzusetzen, liegt unter anderem an einer fragwürdigen Identitätspolitik nicht nur in der veganen Tierrechtsszene.

Jesse-Björn Buckler kommt in seinem »Plädoyer für einen linksradikalen Veganismus« zu dem Schluss:

Einem reflektierten, linksradikalen – also politischen – Veganismus kann es nur um die gleichzeitige Befreiung von Mensch und Tier aus der Verwertungslogik gehen. Im Hinblick auf das anfangs erwähnte Beispiel des Sexen [die Trennung weiblicher und männlicher Küken mit anschließender Tötung der für die Eier-Industrie unbrauchbaren männlichen Tiere, ML] *bedeutet dies: Kein Tier soll mehr gesexed und verarbeitet werden, und kein Mensch*

---

239 Diese Organisation teilte auf ihrer Facebook-Seite zum Beispiel ein Bild, das eine menschliche Figur am Galgen hängen zeigt. Die Botschaft: »Hoffend auf eine bessere Zukunft, in der Tierquälerinnen bekommen, was sie verdienen«. In: facebook.com/269Liberation, 29.10.2017, Stand: 8.10.2019.
240 Pohrt: *Der Weg zur inneren Freiheit*, S. 249.

soll mehr so einen elendig stupiden Fließband-Sexer-Job machen müssen. Die sozialrevolutionäre Emanzipation des Menschen und die Befreiung der Tiere sind nicht dasselbe und dürfen nicht verwechselt werden. Das eine bedingt leider nicht das andere. Beides sind logische Folgerungen aus demselben Grundgedanken und dem Aufbegehren gegen dieselbe gesellschaftliche Struktur. Ihr gemeinsamer axiomatischer Ausgangspunkt ist die Idee der Abschaffung von Fremdbestimmung, Ausbeutung und jedwedem unnötigen Leiden.[241]

Es gibt einige zaghafte Versuche, eine Kritische Theorie zur Befreiung der Tiere zu entwickeln, auf die ich hier nicht eingehen konnte. Verwiesen sei etwa auf die Arbeiten der Soziologin Birgit Mütherich, die sich ausdrücklich auf die Frankfurter Schule bezieht. Wenngleich sie an einigen Stellen übers Ziel hinausschießt, etwa wenn sie »von Tieren als kompetenten sozialen Interaktionspartner[n] in modernen urbanen Lebenswelten« spricht, regt ihre Analyse des Tiers »als Prototyp des Anderen«[242] dazu an, das Mensch-Tier-Verhältnis zu reflektieren und zu diskutieren. Dass etwa Max Horkheimer in Hinblick auf eine zukünftige Gesellschaft über eine Ausweitung des Solidaritätsprinzips auf Tiere nachgedacht hat, ist festzuhalten. Eine weit entwickelte Gesellschaft fordere schließlich »größere moralische Differenziertheit«, und Tiere wären hier laut Horkheimer einzubeziehen.[243] Die kritischen Theoretiker waren sich der Relevanz des Mensch-Tier-Verhältnisses für die (unmenschlichen) Verhältnisse unter den Menschen bewusst, wie auch die Ausführungen Marcuses und Adornos belegen. Hartmut Kiewert, ein veganer Künstler, bei dem man keine Holocaust-Analogien finden wird, weist in seinem Werk »*mensch_tier*« auf die Bedeutung der Kritischen Theorie für eine »emanzipierte Mensch-Tier-Beziehung« hin: »insbesondere ihre These der doppelten Naturbeherrschung und ihre Orientierung am einzelnen Individuum« gelte es zu berücksichtigen.[244] Wer nicht in der Lage ist, Natur als historische Erfindung und als Konstrukt zu verstehen, wird das gesellschaftliche Naturverhältnis nicht begreifen. Hier müsste eine Reflexion über das Mensch-Tier-Verhältnis ansetzen. Denn das »Unheil ist das gesell-

---

241 Jesse-Björn Buckler, a. a. O.
242 Birgit Mütherich: »Die Mensch-Tier-Beziehung in der Kritischen Theorie Horkheimers und Adornos«. In: Karl-Siegbert Rehberg (Hg.): *Die Natur der Gesellschaft. Verhandlungen des 33. Kongresses der Deutschen Gesellschaft für Soziologie in Kassel 2006.* Teilband 1 und 2, Frankfurt am Main 2008, S. 5105–5115, hier: S. 5107. Siehe auch dies.: »Die soziale Konstruktion des Anderen. Zur soziologischen Frage nach dem Tier«. Hg. von: Autonome Tierbefreiungsaktion Hannover, Hannover 2005.
243 Max Horkheimer: »Erinnerung«. In: Das Recht der Tiere. Organ des Bundes gegen den Missbrauch der Tiere e. V., 1959, H. 1/2, S. 7.
244 Hartmut Kiewert: »*mensch_tier*«. Münster 2012, S. 86.

schaftliche Verhältnis zur Umwelt, zu den Tieren, zum Menschen selbst«, schreibt eine anonyme Bloggerin.[245] »Was die Menschen sich fortwährend antun. Selbst wenn mehr Leute ›vegan leben‹, bleibt die andauernde Katastrophe unangetastet.«[246]

Bucklers reflektierten linksradikalen Veganismus sehe ich nicht. Ist Veganismus überhaupt mehr als ein konsumerables Lifestyleprodukt? Wie will man die Tierrechtsbewegung retten und konsequent Rechte von Demonstrationen, aus Onlineforen etc. ausschließen, wenn diese Demos, Foren und Gruppen maßgeblich von rechten oder nach rechts weit offenen »unpolitischen« Personen organisiert werden? Die Frage »Was tun?« drängt sich auf, sie ist mir auf vielen Veranstaltungen gestellt worden, doch eine befriedigende Antwort muss ich schuldig bleiben. Die eigenen Motive und die Wahl der Mittel selbstkritisch zu hinterfragen sowie mögliche Allianzen sorgfältig zu prüfen und im Zweifel die Zusammenarbeit zu verweigern, wäre ein Anfang. Kritische Gesellschaftstheorie sollte dabei nicht unberücksichtigt bleiben; sie könnte sogar helfen, die eigenen blinden Flecken zu erkennen.

---

245 Anonym: »Veganismus. Eine Skizze«. 14.8.2012, zapperlott.blogger.de, Stand: 18.10.2019.
246 Ebd.

Anhang

Literatur

Theodor W. Adorno: *Minima Moralia. Reflexionen aus dem beschädigten Leben.* 11. Auflage. Hg. von Rolf Tiedemann. Frankfurt am Main 2018.

Claudia Barth: *Über alles in der Welt. Esoterik und Leitkultur. Eine Einführung in die Kritik irrationaler Welterklärungen.* 2. Auflage, Aschaffenburg 2006.

Jörg Bergstedt: *Konsumkritik-Kritik.* Rottenburg 2016.

Peter Bierl: *Grüne Braune. Umwelt-, Tier- und Heimatschutz von rechts.* Münster 2014.

Christiane Schulte und Freund_innen: »Kritische Wissenschaft braucht einen Begriff von Gesellschaft«. In: Enrico Heitzer / Sven Schultze (Hg.): *Chimära mensura? Die Human-Animal Studies zwischen Schäferhund-Science-Hoax, kritischer Geschichtswissenschaft und akademischem Trendsurfing.* Berlin 2018, S. 60–70.

Heike Dierbach: *Die Seelenpfuscher. Pseudo-Therapien, die krank machen.* Reinbek bei Hamburg 2009.

Jutta Ditfurth: *Entspannt in die Barbarei. Esoterik, (Öko-)Faschismus und Biozentrismus.* 4. Auflage, Hamburg 2011.

Jonas Engelmann / Roger Behrens / Jelena Kleißler u. a. (Hg.): *Fleisch.* Testcard. Beiträge zur Popgeschichte 22, Mainz 2012.

Colin Goldner: *Die Psycho-Szene.* 2., erweiterte und überarbeitete Auflage, Aschaffenburg 2000.

Michael Heinrich: *Kritik der politischen Ökonomie. Eine Einführung.* 3. Auflage, Stuttgart 2005.

Hansjörg Hemminger: *Was ist eine Sekte? Erkennen – Verstehen – Kritik.* 2. Auflage, Mainz 1996.

Max Horkheimer: *Notizen 1950 bis 1969 und Dämmerung. Notizen in Deutschland.* Frankfurt am Main 1974.

Max Horkheimer / Theodor W. Adorno: *Dialektik der Aufklärung. Philosophische Fragmente.* 18. Auflage, Frankfurt am Main 2009.

Wilfried Huismann: *Schwarzbuch WWF. Dunkle Geschäfte im Zeichen des Panda.* Gütersloh 2012.

Siegfried Jäger / Jobst Paul: *Von Menschen und Schweinen. Der Singer-Diskurs und seine Funktion für den Neo-Rassismus.* Diss-Texte Bd. 13, 2. Auflage, Dortmund 1992.

Hartmut Kiewert: »*mensch_tier*«. Münster 2012.

Herbert Marcuse: »Repressive Toleranz«. In: Robert Paul Wolff / Barrington Moore / Herbert Marcuse: *Kritik der reinen Toleranz.* Frankfurt am Main 1966, S. 91–128.

Hans Mommsen: *Das NS-Regime und die Auslöschung des Judentums in Europa.* Bonn 2014.

Birgit Mütherich: »Die Mensch-Tier-Beziehung in der Kritischen Theorie Horkheimers und Adornos«. In: Karl-Siegbert Rehberg (Hg.): *Die Natur der Gesellschaft. Verhandlungen des 33. Kongresses der Deutschen Gesellschaft für Soziologie in Kassel 2006.* Teilband 1 und 2 Frankfurt am Main 2008, S. 5105–5115.

Birgit Mütherich: »Die soziale Konstruktion des Anderen. Zur soziologischen Frage nach dem Tier«. Hg. von: Autonome Tierbefreiungsaktion Hannover, Hannover 2005.

Wolfgang Pohrt: *Der Weg zur inneren Freiheit. Elemente des Massenbewusstseins. BRD 1990.* Hamburg 1991.

Moishe Postone: »Nationalsozialismus und Antisemitismus«. In: ders.: *Deutschland, die Linke und der Holocaust. Politische Interventionen.* Hg. von Initiative Kritische Geschichtspolitik, Freiburg 2005, S. 165–194.

Luise F. Pusch: *Das Deutsche als Männersprache. Aufsätze und Glossen zur feministischen Linguistik.* 12. Auflage, Frankfurt am Main 2008.

Andrea Röpke / Andreas Speit: *Völkische Landnahme. Alte Sippen, junge Siedler, rechte Ökos.* Berlin 2019.

Hilal Sezgin: *Artgerecht ist nur die Freiheit. Eine Ethik für Tiere oder warum wir umdenken müssen.* 3. Auflage, München 2014.

Peter Singer: *Animal Liberation. Die Befreiung der Tiere.* Reinbek bei Hamburg 1996.

Peter Singer: *Praktische Ethik.* Stuttgart 1984.

Peter Singer: *Praktische Ethik.* 3. Auflage, Stuttgart 2013.

Enzo Traverso: *Moderne und Gewalt. Eine europäische Genealogie des Nazi-Terrors.* Karlsruhe 2003.

Heiko Werning: »Im Reich der wilden Tierrechtler. Anmerkungen zur Kritik an Tierrechten und Human-Animal Studies«. In: Enrico Heitzer / Sven Schultze (Hg.): *Chimära mensura? Die Human-Animal Studies zwischen Schäferhund-Science-Hoax, kritischer Geschichtswissenschaft und akademischem Trendsurfing.* Berlin 2018, S. 118–144.

Merlin Wolf (Hg.): *Zur Kritik irrationaler Weltanschauungen. Religion – Esoterik – Verschwörungstheorie –w Antisemitismus.* Aschaffenburg 2015.

Quellen

Kai Blekker: »Anonymous for the Voiceless. Chancen und Kritik aus der Tierbefreiungsperspektive«. In: »Tierbefreiung« 99 (Juni 2018), S. 74-78.

Jesse-Björn Buckler: »Go vegan! Ein Plädoyer für einen linksradikalen Veganismus«. In: »Jungle World« 38/08, 18.9.2008.

Ruediger Dahlke: *Vegan! Ist das ansteckend? 130 Fragen und Antworten rund um die vegane Ernährung.* Krummwisch bei Kiel 2017.

Ruediger Dahlke: *Peace Food. Wie der Verzicht auf Fleisch und Milch Körper und Seele heilt.* München 2011.

Ruediger Dahlke: »Peace-Food. Wie Verzicht auf Fleisch und Milch Körper und Seele heilt«. In: dahlke.at/veroeffentlichungen/artikel/kolumne/august_2011.php (zuletzt gesehen: 25.12.2018).

Thorwald Dethlefsen / Ruediger Dahlke: *Krankheit als Weg. Deutung und Be-Deutung der Krankheitsbilder.* 21. Auflage, München 2015.

Colin Goldner: »Der braune Rand der Tierrechtsbewegung«. Aktualisierte Fassung (zuerst erschienen in »Der rechte Rand« 108, September/Oktober 2007, S. 21 f.), in: »Tierbefreiung« 98 (März 2018), S. 24-29.

Daniel Lau: »Dehumanisierung und Animalisierung als Herrschaftsstrategie«. In: »Tierbefreiung« 98 (März 2018), S. 38-40.

Daniel Lau: »Intro: Rechte und rechtsoffene Strukturen zerschlagen!« In: »Tierbefreiung« 98 (März 2018), S. 4 f.

Mirjam Rebhan: »Biozentrismus, Earth- und Non-Humans First. Wie menschenfeindlich ist es, Nicht-Menschliches zuerst zu bedenken?« In: »Tierbefreiung« 98 (März 2018), S. 34-37.

Mirjam Rebhan: »Umgang mit Rechtsoffenheit in der Tierrechtsgruppe. Fragen an einen Aktivisten«. In: »Tierbefreiung« 98 (März 2018), S. 32 f.

Ina Schmitt: »Tierschutz – Nationales Merkmal der moralischen Überlegenheit. Entwicklung einer fortwährenden Kooperation«. In: »Tierbefreiung« 98 (März 2018), S. 6-13.

Jennifer Wölk: »Hitler und seine Hunde. Wenn der beste Freund des Menschen zum Propagandamittel wird«. In: »Tierbefreiung« 98 (März 2018), S. 14-18.

Tom Zimmermann: »Tierschutz im Nationalsozialismus«. In: »Tierbefreiung« 98 (März 2018), S. 19-23.

Personenregister

Adams, Carol J.	80
Adorno, Theodor W.	60–64, 68, 78, 86, 108
Alamdari, Asal	75
Attenborough, David	105
Bardot, Brigitte	68 f.
Bashir, Paul	15, 75 f., 78
Bielski, Tuvia	64
Bierl, Peter	15, 54, 73
Bookchin, Murray	25
Bruker, Max Otto	72
Buschmann, Martin	24 f., 28
Dahlke, Ruediger	9, 11, 33 f., 36–46, 65, 107
Dalai Lama	72
Darwin, Charles	106
Dethlefsen, Thorwald	36, 44
Dierbach, Heike	44
Ditfurth, Jutta	25–27, 51, 57, 69, 72, 100
d'Ormale, Bernard	68
Elsässer, Jürgen	90
Fischer, Leo	84
Foreman, David	69, 71, 95
Foster, Swayze	34
Frederiks, Jo	63–65
Freelee	34
Freud, Sigmund	84
Fromm, Erich	23
Funkschmidt, Kai	30
Gandhi, Mohandas Karamchand	72
Glaubitz, Sebastian	82, 84
Goebbels, Joseph	91
Goldner, Colin	17, 36, 72, 92, 88 f.
Göring, Hermann	89, 100
Grzimek, Bernhard	58–60, 105
Gyatso, Tenzin	72
Hägele, Gérald	12, 80 f.
Hamer, Ryke Geerd	36
Hemminger, Hansjörg	35
Hildmann, Attila	10, 33
Hitler, Adolf	12, 90–93, 100
Horkheimer, Max	60, 68, 86, 103, 108
Hsiung, Wayne	79
Huismann, Wilfried	59
Jebsen, Ken	9, 11, 45, 90, 99

Joy, Melanie	80
Kaplan, Helmut	66 f.
Kassen, Reinhold	65
Kiewert, Hartmut	108
Kunkel, Thomas	47
Läsker, Andreas »Bär«	29
Lau, Daniel	88 f.
Lorenz, Konrad	72
Lutz, Helma	50 f.
Mackinger, Christof	94 f.
Mährholz, Lars	90
Mandela, Nelson	72
Marcuse, Herbert	81, 106, 108
Michaelis, Dennis	78
Mülln, Friedrich	24–27
Mütherich, Birgit	108
Nickel, Ole	83 f.
Ottomeyer, Klaus	46
Paul, Jobst	55
Pohrt, Wolfgang	78 f., 107
Popp, Andreas	90
Radke, Magnus	77
Ratcliffe, Leanne	34
Rebhan, Mirjam	90, 93–98
Riediger, Mira	89
Röpke, Andrea	15
Rosling, Hans	74
Ruthenberg, Silke	65–67, 82 f., 85, 107
Ryder, Richard	49, 51, 55
Schmelzer, Thomas	45
Schmitt, Ina	88, 92
»Schu«, Ben	77
Schwiete, Guillermo	83
Sezgin, Hilal	12, 57, 106
Sinclair, Upton	67
Singer, Isaac Bashevis	64 f.
Singer, Peter	11, 17, 49–57
Speit, Andreas	15
Tolstoi, Leo	34
Twelve, Espi	28
Vagedes, Christian	11 f., 81
Watson, Paul	15, 33, 69–74, 94, 107

Willig, Angelika 69
Wippermann, Wolfgang 91 f.
Wittek, Gabriele 36, 45
Wolf, Merlin 46
Wölk, Jennifer 90–93

Yourofsky, Gary 76

Sachwortregister

269 Life	95, 107
AfD	14, 27, 30, 77 f.
Ageism	78
Aids	40, 72
AK Gibraltar	53, 55, 58
Albert-Schweitzer-Stiftung	89
Alternativmedizin	36 f.
Animal Peace (AP)	14 f., 65 f., 83
Animal Rights Watch (Ariwa)	89 f.
Anonymous for the Voiceless (AV)	15, 74–78, 80
Antifaschistinnen	81, 89
Antifaschistische Stadtkommune Berlin	58
Antisemit(en), Antisemitinnen	19, 36, 60, 98
antisemitisch	11, 15, 45, 61 f., 79, 90, 95, 99
Antisemitismus	13, 78 f., 95
Antispeziesismus	13, 49, 54 f., 58, 106
Antispeziesistinnen	49, 58
antispeziesistisch	57, 95
Ärzte ohne Grenzen	74
Assoziation Dämmerung	95
Ausbeutung	16, 27 f., 35, 51 f., 55, 57 f., 74, 87, 108
Auschwitz	15, 58, 60, 63 f., 90
Befreiung	13, 17, 49, 88 f., 95, 97, 107 f.
Bestie	83, 91 f.
Beyond Meat	13
biozentrisch	69
Biozentrismus	25, 69, 90, 93–95
Black Vegans	105
Blood and Honour	82
Blondi	90 f.
Chico	80, 82 f., 86 f.
»Der Holocaust auf Ihrem Teller«	62
Deutsche Gildenschaft	69
Deutschland is(s)t vegan (Blog)	37
Direct Action Everywhere (DxE)	79 f.
Diskriminierung	50 f., 76 f., 78 f., 88, 94, 99
Down-Syndrom	54
Earth First	15, 69, 90, 93, 95
Emanzipation	46, 89, 95, 97, 105, 108

empfindungsfähig	52, 103
Empfindungsfähigkeit	16
Entfremdung	46
Entindividualisierung	61
Erlösung	30, 42 f., 106
Ernährungsideologie	30, 41
Erweckungserlebnis	32, 72
Esoterik	9, 11, 33, 36, 38, 44, 46 f.
esoterisch	11, 20, 30, 36, 41, 43 f., 46, 72, 107
Ethik	9, 28, 49, 52–55
»Euthanasie«	11, 49, 53, 55
Evolutionstheorie	106
»Fahnenträger« (Zeitschrift)	66
Faschismus	93
Fleisch	12, 26–28, 31, 42, 106
Fleischesserinnen	15, 23, 29, 34, 77
Fleischkonsum	27, 41
Fleischverzehr	42
Flexitarierinnen	23
Flüchtlinge	24, 46, 77
FPÖ	45
Frankfurter Schule	108
Freeganismus	34
Front National	68
Geflüchtete	27, 69, 77, 85
»Gegenrasse«	68
Genozid	19
Germanische Neue Medizin	36
Geschlechterrollen	77, 93
Gesellschaft	15, 20, 23, 30, 47, 52, 54, 71, 76, 80 f., 97, 99, 103–105, 108
-befreite	17, 97
-bürgerliche	106
-herrschaftsfreie	106
-repressive	60 f.
Gesellschaft zur wissenschaftlichen Untersuchung von Parawissenschaften (GWUP)	43
Gesellschaftsanalyse	20
Gesellschaftstheorie	109
Glaube	29 f., 44
Greenpeace	72
Hauptsache für die Tiere	11, 14, 80, 96–99
Haustiere	71, 105 f.
Herrschaftskritik	88, 106
Holocaust	19, 45, 62–64, 67
-Relativierung	9
-Vergleich	66 f., 76, 108
Human-Animal Studies	93

Hund(e)	12, 53, 56, 69, 82 f., 86, 90–93, 103 f., 106 f.
»Hühner-KZ«	15
Identifikation	26, 28, 84, 92
Identität	20, 27–29, 32, 79, 93
Identitätspolitik	28, 107
Ideologie	17, 20, 23, 25 f., 34 f., 61, 66, 69, 95 f., 107
Indianer, Indianerinnen	70 f., 73
industrielle Nutztierhaltung	34, 104
Indyvegan	81, 89
Instrumentalisierung	12, 58, 60, 87
Intensivtierhaltung	19, 103
Jude, Juden	45, 60, 62, 67, 79, 92
Judenstern	65
Jüdinnen	14, 19, 45, 47, 61–65, 67 f., 76, 91
Kannibalismus	103
Kapital	17, 28, 52, 67 f., 71, 95 f., 104
Kapitalismus	52, 57, 68, 71, 78, 104
kapitalistisch	10, 12, 20, 27, 46 f., 96
Kapitalakkumulation	47, 85
Katze	56, 63
KenFM	45
Konsum	10, 23, 27–29, 34, 97
Konsumenten, Konsumentinnen	7, 20, 54, 63
Konsumkritik	29, 96
konsumkritisch	23
Konsumverhalten	31, 104
Konzentrationslager	62, 65
Krebs	30, 36, 40, 43, 72
Kritische Theorie	53, 108
Kühe	24 f., 41, 63, 65, 87, 103
KZ	58, 63, 67
Lebenshof	10, 18, 87, 99, 103
Leid, Leiden	10, 16, 27, 51 f., 55, 58, 63, 65, 83, 103 f., 108
Leidensfähigkeit	16, 49, 53
Lichtnahrung	33, 42
Lifestyle	11
Lohnarbeit	29
Makah	70 f., 73
Marxismus und Tierbefreiung	95
Massai	59
Massenmord	61, 71
Mensch-Tier-Verhältnis	49, 52, 64, 106, 108
Menschenaffen	17, 56, 71
Menschenfeinde, Menschenfeindinnen	11, 14, 81, 105
menschenfeindlich	77, 90, 94, 96

Menschenhass, Menschenhasser	9 f., 17, 58, 66, 76 f., 86, 92, 97
Menschenrechte	13, 35, 96
Menschenversuche	67
Migrantinnen	45
Migration	27, 69
Milch	24 f., 30, 32, 106
missionarisch	29, 34
Montagsmahnwachen	99
Moral	57
moral baseline	34, 106
moralisch	13, 23, 27 f., 32, 34, 49, 53, 56 f., 61 f., 73 f., 87 f., 96, 106, 108
Mord	32, 60 f., 68, 70
MUT (Partei Mensch Umwelt Tierschutz)	23
Nacktaffen	107
Nationalsozialismus	60, 89
Nationalsozialisten	61 f., 92
Nationalsozialist*innen	93, 100
Nazis	9, 12, 58, 61–64, 67, 76 f., 88 f., 91, 93
Natur	14, 25, 43, 52, 59, 69–74, 86, 108
natürlich	34, 51, 69, 71–73, 83, 95, 105
Naturverklärung	59
Neonazi, Neonazis	72, 78, 82, 89
neonazistisch	66, 82
nichtmenschlich	17, 94, 96, 105
Nichtperson	53, 55
Non-Humans First	90, 93
Non-Humans First Declaration	96
Nutztiere	16, 58, 72 f., 87, 103 f., 106
Ökofaschismus	93–95
Opfer	14, 44, 62–64, 66, 71, 79 f., 83–87
Partei Mensch Umwelt Tierschutz (MUT)	23
paternalistisch	59, 74
pathische Projektion	60, 84
patriarchal	46, 58, 80, 105
Patriarchat	57
»Peace Food«	9, 33, 37, 40
Peta (People for the Ethical Treatment of Animals)	62 f., 65 f.
Pogrom	60 f.
Produktionsmittel	27
Produktionsverhältnisse	13, 27, 97
Projektion	15, 60, 70, 73, 84, 88, 105
Puten	41, 103
Qualzüchtung	103
Querfront	9, 81, 98

Querfrontler, Querfrontlerinnen	11 f., 81, 97
Rasseeigenschaften	50
Rassemblement National	68
Rassenhass	68
Rassenwahn	72
Rassenunterschiede	54
Rassismus	13, 49-51, 57, 78 f., 94
rassistisch	10, 15, 50, 60 f., 71, 77-79, 90, 94 f.
rechtsextrem	66, 68 f., 82
Rechtsextreme	9, 82, 89
Rechtsextremismus	99
rechtsoffen	12, 81, 88, 90, 98
Rechtsoffenheit	90, 97-99
Rechtsterrorismus	27
rechtsterroristisch	82
Reinkarnationstherapie	33, 44
Religion	46, 55, 79
religiös	10, 23, 30, 32, 35, 47, 72 f., 87, 107
Rinder	65, 96
Schädlinge	72
Schlachthaus, Schlachthäuser	34, 61, 67 f.
Schlachthof, Schlachthöfe	12, 60, 67, 74, 103, 106
Schwein, Schweine	31, 53, 56, 85, 103
Sea Shepherd	15, 33, 68-71, 73
Sea Watch	85
Sekte, sektenhaft	35 f., 74, 80, 98
Sexismus	13, 33, 50 f., 78 f.
sexistisch	11, 15, 40, 62, 77, 95
Shoah	15, 60, 63 f., 96, 107
Speisegesetze	30, 43
Speziesgrenze	56
Speziesismus	13, 49-52, 99
speziesistisch	27
Sprechverbot	18, 26
Strafbedürfnis	107
Tiefenökologie	25
Tier	
Haustiere	71, 105 f.
Meerestiere	62
nichtmenschliche Tiere	17, 94, 96, 105
Tierausbeutung	28, 97
Tierbefreierinnen	17, 26, 88
Tierbefreiung	26, 56, 88
»Tierbefreiung« (Zeitschrift)	12, 87 f., 90, 93, 98, 100
Tierbefreiungsaktivistinnen	12, 99
Tierbefreiungsbewegung	14, 17, 26, 88, 94

Tierfabrik	27, 42, 62 f., 65, 67 f., 74, 85
»Tier-Holocaust« (auch: »Animal Holocaust«)	63–65, 76, 96
Tierleid	10, 27, 32, 34
Tierliebe (auch: Liebe zum Tier)	9 f., 17, 72, 84, 86, 92
Tierprodukte	16, 24, 26
Tierquälerei	66, 104
Tierquälerinnen	78, 107
Tierrechte	13, 17, 25, 28, 77, 89, 96
Tierrechtlerinnen	12 f., 15, 17 f., 41, 50, 65
Tierrechtsaktivistinnen	9, 15, 17, 63, 76 f., 105
Tierrechtsbewegung	55, 58, 60, 76, 80–82, 88, 94, 100, 109
Tierrechtsszene	49, 74 f., 90, 107
Tierschutzgesetz	88, 104
Tierschutzpartei	23, 30
Tierschützer, Tierschützerinnen	16, 68, 85, 107
Tierversuche	49, 51, 67, 76 f.
Versuchstiere	76
Wildtiere	72
Wirbeltiere	56 f.
Tier im Fokus	95
tierleidfrei	25, 27, 29, 31 f.
Tierrechtsaktion Nord	95
Tierrechtsanwältinnen	56, 67, 85 f.
Tierrechtsgruppe Zürich	95
Toleranz	35, 80–82, 89
Töten	17 f., 31, 54, 68, 70, 104
Tötungsverbot	53, 55 f.
Treblinka	64 f.
Überbevölkerung	59, 69, 71
»Umwelt & Aktiv« (Zeitschrift)	66, 69
Universelles Leben	35 f., 45
unpolitisch	14 f., 49, 77–79, 81, 99, 109
Vegane Powerfrauen	89
Veganerinnen	7, 11–16, 20, 23–26, 32, 34, 37, 42, 79
Vegan-Hype	10, 33, 37
Veganismus	9–12, 14, 16, 18, 23, 26 f., 29 f., 32–36, 78, 96, 104, 106 f., 109
veganisieren	33, 75
»Veganmagazin« (Zeitschrift)	11, 37, 81
Vegetarier, Vegetarierinnen	23, 34, 64, 67
Vergewaltigung	40 f., 44, 61, 80
Vernichtungslager	61 f., 68
Verschwörungstheoretiker, Verschwörungs- theoretikerinnen	9, 11, 98 f.
Verschwörungstheorie	45, 47
Versuchstiere	76

Vertierlichung	61
Victim Blaming	44, 80
Virus	72, 94
Volksgemeinschaft	67
Warschauer Ghetto	64
Weltanschauung	10, 35
Wildtiere	72
Wirbeltiere	56 f.
Zentralrat der Juden	62
Zyklon B	61

Dank

Ohne die Hilfe vieler kluger Leute wäre dieses Buch ein weniger gutes geworden. Ihnen will ich danken. Für Zuspruch und offene Ohren, wenn das Projekt über mir zusammenzubrechen drohte. Für Anmerkungen, Tipps, Literaturempfehlungen, Links, Verbesserungen inhaltlicher und sprachlicher Art, Richtigstellungen und Differenzierungen. Für Unterstützung bei Recherche und Quellenkritik, für die eine oder andere geteilte Flasche veganen Weins und Ablenkung, wenn sie nottat.

Ich danke Rolf Borkenhagen, Jonas Engelmann, Sebastian Grote, Grufti, Sophie Hellgardt, Marit Hofmann, Anna Kändler, Olaf Kistenmacher, Jürgen Landwehr, Felix Matheis, Sophie Reinwald, Christina S., Jörg Schwerdtfeger, Susi M. Sternberg, Horst Trenkwill-Eiser, Matthias Volmer, meinem wunderbaren konkret-Team und insbesondere Wolfgang Schneider für das wie immer hervorragende Lektorat, der Freien Uni Bamberg, wo ich meinen ersten Vortrag halten durfte, der Hamburger Studienbibliothek für die Möglichkeit, eines der Kapitel in kleiner Runde intensiv zu diskutieren, meinen Katzen Lilli und Wassily, die lange Abende mit dem Manuskript weniger einsam machten und mich daran erinnerten, wie wichtig Pausen sind – und all denen, die namentlich nicht genannt sein wollen.

Wie immer gilt: Alle verbliebenen Fehler und Ungenauigkeiten gehen allein auf mein Konto.